渡辺雅之

いじめ・レイシズムを乗り越える「道徳」教育

暗闇（ダークサイド）から希望のベクトルへ

高文研

プロローグ

二〇一三年三月。コリアンタウンのある大阪鶴橋。

「鶴橋にいる在日クソチョンコのみなさん、こんにちは。私はあなた方（朝鮮人。※以下よりコリアンと表記）が憎くて憎くてたまりません。もう殺してやりたい」「いつまでも調子にのっとったら、南京大虐殺じゃなくて、鶴橋大虐殺を実行しますよ」

女子中学生による驚くべき街宣動画（注1）がネットを通して世界に広まった。

遡《さかのぼ》ること約二〇年。私は埼玉県K市のA中学校で三年生を担任していた。

「先生、みんな。私、差別って何かがわかったよ」

鶴橋の女子中学生とおそらく同年代、美和の言葉が走馬燈のように蘇る。核開発疑惑をめぐって朝鮮半島情勢が緊迫し、アメリカを中心とする国際世論による北朝鮮批判が高まりをみせていた一九九四年（注2）。大手メディアは盛んに北朝鮮脅威論を報道し、連日テレビや新聞の紙面を賑わせていた。朝日新聞は「子どもたちに各地で嫌がらせ　チマ・チョゴリの通学中止　栃木の朝鮮学校」（五月二五日）と報じた。（チマ・チョゴリは当時の朝鮮人学校の制服）

「チマ・チョゴリ切り裂き事件」の第一報であり、新聞各紙は同様の記事を掲載。その後、勤務しているK市の駅でも同じことが起きた。私は社会科を担当しており、授業の一環として「新聞切り抜きトピック」などを普段から取り入れていた。それもあってのことだろう。クラスのリーダー的存在であり、社会科が好きな将之が記事を持ってやってきた。

「先生、これおかしい、というかひどいことだと思うんだけど」

記事の後段には次のようなことが書かれていた。

「核疑惑報道によって煽《あお》られた差別意識によって、心ない日本人男性が朝鮮学校の女子生徒のチマ・チョゴリを切っているのは許せないことである」

将之がもってきたこの記事を担任しているクラスで紹介すると、多くの生徒が「この問題を文化祭で取り上げたい」という反応を示した。当時A中では、秋の文化祭において各クラス、自由テーマによる展示発表を行っていたのである。

クラス実行委員会が作られ、将之が実行委員長となった。全体のテーマは「平和な社会を創ろう」となり、この問題を取り上げると同時に、核兵器を保有している国の元首たちへ手紙を書く取り組みなどを行うことになった。当時は今と違って、ネットなどリアルタイムで検索できる手段はほとんどない。実行委員会では「新聞だけでは分からないから、朝鮮学校に取材（聞き取り）に行ったらどうか」という意見が出され、電車で三駅ほどの朝鮮初中級学校を訪問することになった。

アポイントメントを取って訪問したのは九月初旬。「チマ・チョゴリ切り裂き事件」のトピックはやや沈静化していた。それでも国内には、最近よく言われている「嫌韓感情」に近いムードが漂っていたように思う。訪問したのは将之や美和、歩などプロジェクトチーム五人の生徒。対応してくれたのは中等部の生徒五人と一人の先生だった。

話し合いが始まり、普段の様子を聞くと「このような事件は以前からあり、切りつけられないまでも、いたずらをされたり、〝チョン公〟などの罵詈雑言《ばりぞうごん》を浴びせられることは日常的である」と言う。同年代の在日コリアンの生徒から、次々と語られる差別の事実は美和たちを驚かせた。

帰ってからこのことをクラスに報告。朝鮮学校の生徒たちを招待して、文化祭当日に「平和な社会のために〜差別を考える」をテーマにパネルディスカッションを行うことが学級総会を経て決定した。

そして実行委員会では、その前に「自分たちで差別の追体験をしてみよう！」というプランが立ち上がった。もともと、道徳の授業などを通して「ブラインドウォーク（視覚不自由の体験）」「ディスクリマドット（額にシールを貼って、仲間はずれを疑似体験）」などの体験型ワークショップ[注3]を実践していたので、子どもたちもすぐに乗り気になったのだろう。

具体的なプランは「チマ・チョゴリを着てK市駅付近を歩く」というものである。「私、それやる！」と飛びついたのは美和。そのアイディアを出したのは私だが、よくよく考えると美和に危険が及ぶ可能性がある。「（やはり）危ないから止めようか？」と実行をためらっているところに、A中ツッパリ代表の歩や直矢が「いやいや、せんせ。俺たちが美和の回りをしっかりガードして、何かあったら身体を張って防ぐよ」と、これまた物騒なことを言いだす。迷いながらも、そんな生徒たちの「意欲」を大事にしようと決めた。安全確保のために他の先生たちの協力も仰ぎつつ思い切って実践してみよう、そう思ったのだった。

K市駅の夕刻。朝鮮学校から借りてきたチマ・チョゴリを着て歩く美和。そしてそれを遠巻きに、また時には近くで見守る歩や直矢。美和は、あらかじめみんなで考えたルートで駅付近や本屋などを数回往復する。あっけないほど何も起きることはなく、予定の三〇分が過ぎた。少しばかり拍子抜けした様子の歩たち。しかし学校に帰って、A中の制服に着替えてから美和の言った言葉は、私たちを驚かせた。

「美和、どうだった？　とりあえず何もなくてよかったな」

「先生、何言ってるんですか」

「差別はひどい。ひどいものだよ」と美和は言う。いぶかしげにそれを聞く歩や直矢。

「どういうことだよ。何もなかったじゃねえかよ。俺たちずっと見ていたけど」と歩。

「歩、あのね、違うの。道行く人がね。みんなだよ、みんなほぼ全員が、私の姿を見つけると物珍しそうにチラッと見るの。そして、私と目が合うとあわてて目をそらすんだよ。まるで無視するかのように。本屋さんの店員なんかあからさまにそうだった。私、分かるんだ。遠巻きに、あいつ何かするんじゃないかみたいな目で見ていて、私が近くに行くと目を合わせないようにしてたもん」

「でも、それって服装が珍しいからなんじゃないのか」直矢が聞く。

「それもあるかもしれないけど、そうじゃないと思う。私がA中の制服着て歩いている時とはまるで違う視線なんだよ。A中の時だったら絶対にないことだもん」

直矢はさらに問う。「だからどういうことだよ」

「うん。先生、みんな。私、差別って何かがわかったよ」

一呼吸おいて美和はこう言ったのだ。

差別っていうのは無視することなんだよ

全員が黙ってしまったこの瞬間のことを、今でもよく覚えている。しばらくして将之が口を開いた。

「そうか、悪口投げつけられたり、切られたりしなくたって、差別はあるってことか」

「そうだよ。おかしいよ、この街の人たち。ていうか、私も普段はそうかもしんないな」美和はポツリとそう言った。

当日のパネルディスカッションでは、この美和の体験を元に朝鮮学校の生徒たちと熱心な意見交流がなされた。「差別は無視すること」という美和の言葉は、私の胸に今でも深く秘められている。

あれから約二〇年の時が流れた。勤務する大学の近くの街（新大久保）では「良い韓国人も悪い

「不逞鮮人追放！　韓流撲滅デモ　in 新大久保」デモ隊の持ったプラカード（注９）。2013 年２月９日　撮影：李信恵（在日コリアン 2.5 世ライター）

「中国人ほか外国人の入国全面禁止要求デモ　in 埼玉・西川口～蕨」ガスマスクを付け、マントには「除鮮」の文字が見えた。2014 年１月 19 日　撮影：筆者

韓国人もみな殺せ」「毒ノメ　首ツレ　チョウセンジン」そんなプラカードを掲げ、ヘイトスピーチ(注４)を繰り返す在特会(注５)など極右排外主義団体によるデモが、二〇一二年頃から頻繁に行われるようになった(注６)。そして、そういったデモや街宣活動は最近になっても全国各地で毎週のように行われ、中にはナチスのハーケンクロイツを模したマークを身にまとう参加者もいる(注７)。

　それればかりか「偉大なる総統閣下が生誕された日に、皆でワインを飲みながら語らいましょう」として、「アドルフ・ヒトラー生誕一二五周年記念パーティー（主催：ヒトラー・ナチス研究会）」参加も呼びかけられている。

　私は二〇一三年から何度か現場に足を運び、ヘイトデモの実際を見てきた。そして、それに反対し抗議活動（カウンター）をしている人たち(注８)と出会い、話を聞いてきた。

憎悪のヘイトデモが公道で白昼堂々と行われているこの国。教室では異質なものを排除する「イジメ」が日常的に潜在化し、中には自らの若い命を絶たざるを得ないほど追い込まれ、苦しめられた子どもたちがいる。「鶴橋大虐殺」を叫んだ少女がいる。美和と同年代のあの子はなぜそれを叫んだのか。いま教室では何が起きているのだろうか。

こういった状況の中で、盛んに「愛国心」が強調され、「道徳を教科に格上げせよ」という声が聞こえる。「道徳」とはそもそも何なのか。子どもたちとそれを学ぶというのは実践的にどういうことなのか。

私自身のいくつかの経験と今までの教育活動をもとに、教育現場で起きていることの背景にあるものは何か、いじめやレイシズム（racism）を克服し平和で民主的な「共に生きる社会」をつくるための必要な考え方とスキルはどういったものなのか、これから読者のみなさんと共に考えてみたいと思う。

（注1）http://www.youtube.com/watch?v=GoTBRpcaZS0（二〇一四年二月一五日確認）

（注2）核兵器開発を巡ってのアメリカと北朝鮮との外交交渉は難航し、一九九四年三月には北朝鮮はＩＡＥＡ（国際原子力機構）の査察活動の一部を拒否し、六月には実験炉から燃料棒の抜き取りを行った。事態は緊迫し米クリントン政権は北朝鮮の核施設の空爆破壊を選択肢のひとつとして計画した。北朝鮮は「米国の核施設空爆には、三八度線からの砲撃でソウルを火の海とする」と応え、朝鮮半島は、朝鮮戦争以来の危機が高まった。ソウルでは市民の大規模な避難が行われた。

（注3）浅野誠・ディヴィッド・セルビー編『グローバル教育からの提案　生活指導・総合学習の創造』（日本評論社、

二〇〇二年）実践例参照。

（注4）「憎悪に基づく差別的な言動。人種や宗教、性別、性的指向など自ら能動的に変えることが不可能な、あるいは困難な特質を理由に、特定の個人や集団をおとしめ、暴力や差別をあおるような主張をすること」であり、憎悪に基づく差別的な言動の総称を指し示すもの。（出典『知恵蔵mini』朝日新聞出版）

（注5）「在日特権を許さない市民の会」。この会は、行動する保守と称し、ネットなどを通して会員を拡大し、差別デモなどを全国で展開している。会員数公称一万四〇〇〇人（二〇一四年一月現在）。他にも「チーム関西」「湘南純愛組」「花時計」「外国人犯罪撲滅協会」などの組織が全国にある。安田浩一（ライター）は、「在特会というのは、私たちの社会の未解決な部分から必然的に発生してきたもので、彼らを批判する人々はそれを心に留めておく必要があるのではないでしょうか」という重要な視点を提起している。（〝大衆メディアにまで拡大　新たな「嫌中韓」潮流〟『紙の爆弾』二〇一四年三月号、鹿砦社）

（注6）一般に「カルデロン一家事件」と呼ばれる事件が二〇〇九年に起きた。不法入国の罪に問われ、強制退去を命じられた両親と中学生の娘の残留をめぐって、在特会などが「カルデロン一家は犯罪者！　ゴミはゴミ箱へ！」などと激しい罵倒中傷の街宣を行った。この街宣動画が拡散され、在特会は一挙に「勢力」を伸ばした。（参考：山口祐二郎『奴らを通すな！』ころから）

（注7）二〇一四年一月一九日。埼玉県川口・蕨においてナチスのシンボルであるハーケンクロイツ等を翻し、「ヘイトスピーチ・フリータイム」などと銘打って「混ぜるな危険!!」「混血阻止」「外国人の入国全面禁止」を訴えた排外デモが実行された。

（注8）プロテスター（抗議する人）として、トラメガを使って激しい抗議やシットイン（座り込み）など身体を張って積極的にカウンターする人もいれば、歩道にじっとたたずみ抗議の意志を表明する人たちも。その態様は様々。

（注9）差別はネットの娯楽なのか（10）―不逞鮮人追放！　韓流撲滅デモin新大久保「良い韓国人も　悪い韓国人も　どちらも殺せ」より　http://getnews.jp/archives/289322（二〇一四年二月一五日確認）

目次

装丁・長尾　敦子

第I章

レイシズムと教室

——憎悪（ダークサイド）の生まれるところ

ヘイトスピーチの本質

二〇一三年流行語大賞（ユーキャン新語流行語大賞）にもノミネートされた「ヘイトスピーチ」。「他者に対して乱暴で汚い言葉を投げつけること」であると理解している人が多い。しかしそれは間違いである。単に憎悪に基づく汚い表現ではないのだ。対象となる他者が、変更不可能な出自や属性を持つ社会的マイノリティ（日本における在日コリアンや性的マイノリティ、部落出身者など）であるということ。そして、それに浴びせかける差別言動は表現形態を問わないこと。言わば非対称性が前提になっていること。そうした理解がすっぽりと抜けていることが多い。

罵倒など激しい憎悪的表現をふくまず、優しい言葉で語りかけようが、内容が出自や属性に基づいた差別的なものを含んでいれば、それはヘイトスピーチなのである。単なる汚い言葉の応酬ならば「対等、同等の力関係において発生する暴力的トラブル」である路上のケンカと本質においては変わらない。

早くからアンチレイシズムの運動に取り組んできた野間易通《やすみち》（C.R.A.C＝Counter-Racist Action Collective＝対レイシスト行動集団（注1））の言葉は明確である。

ヘイトが指し示すものは、人種的憎悪や民族的憎悪、あるいは性的マイノリティに対する憎悪感情といった、差別が問題となる特定の文脈で成り立つものだ。穏健な口調で論理的に訴えようが、相手に指一本ふれずにダメージを与えようが、マイノリティへの憎悪感情に基づいたものであればいずれもヘイトスピーチであり、ヘイトクライムである。[注2]そして、むしろ実際には、多くのヘイトはそのような態様をとるのだ。（野間易通『「在日特権」の虚構　ネット空間が生み出したヘイトスピーチ』河出書房新書）

さて、これらのことを念頭におきながら、鶴橋の少女のスピーチを詳細に見てみよう。

鶴橋に住んでいる在日クソチョンコのみなさん、そしてここにいる日本人のみなさん、こんにちは。（大人：こんにちはー）いやほんま、私はあなた方が憎くて、憎くてたまりません。もう殺してやりたい。いつまでも調子にのっとったら南京大虐殺じゃなくて、鶴橋大虐殺を実行しますよ。（大人：そうだあ）日本人の怒りが爆発したらそのくらいしますよ。大虐殺を実行しますよ。そうされる前に自国に戻ってください。ここは日本です。朝鮮半島じゃありません。いい加減かえれえ。（大人多数：そうだー）

冒頭の「クソチョンコ」「殺せ」のくだりをカットし、柔らかく表現するとどうなるだろうか。

『鶴橋に住んでいる在日コリアンのみなさん、そしてここにいる日本人のみなさん、こんにちは。私はあなた方が好きではありません。ここは日本であり、朝鮮半島ではありませんのでどうぞ自国に戻ってください。すみやかにお帰りください』

この表現ならばヘイトスピーチではなく、一般的な政治的主張になるのだろうか。そうではない。変更不可能な属性を持つマイノリティ（この場合は在日コリアン）に対して歴史的背景や社会情勢を無視し、一方的に帰国を促すこと自体が、まぎれもないヘイトスピーチなのである。(注3)

しかし、ヘイトデモへのカウンター（抗議）活動に対して「どっちもどっち」と批判する人もいる。レイシストへの罵倒など激しい抗議活動をすることもある「レイシストをしばき隊(注4)（しばき隊）」などのカウンター勢力もヘイトスピーチをまき散らす在特会も「同じ穴のムジナ」であるという説である。

山口祐二郎(注5)（反差別集団・男組(注6)）は、これに関して興味深いことを述べている。

「ヘイト豚死ね！」という横断幕をしばき隊が出したことがある。このことについて、どっちもどっちだとか、ヘイトにヘイトで返しちゃいけないとか言う人がいるがそれは違う。「ヘイト豚」と言っているが、イコール桜井(注7)だと思う人は奴を「ヘイト豚」と認定していることになる。それが本人ならなおさらだ。しかし重要なのは、たとえ奴が「ヘイト豚」と自覚していても、いつでも「ヘイト豚」であることは辞められるのだ。だから、桜井が死ぬ必要はない。

しかし、「韓国人は毒を飲め」と言った場合、韓国人はやめるやめないの話ではないので、これこそヘイトスピーチだ。その非対称性を際立たせるために「ヘイト豚」という言葉を使う。（山口祐二郎『奴らを通すな!! ヘイトスピーチへのクロスカウンター』ころから）※傍点筆者

山口が言うように問題となるのは表現方法ではない。よって私は安易な「どっちもどっち論」を支持しない。(注8)「行動する保守」と呼ばれる人たちの中には、米軍基地反対運動を批判する人もいる。「(米軍基地が存在する) 沖縄で、アメリカ兵は出て行けと言うのはヘイトスピーチだ」という主張である。それもまた「マイノリティとマジョリティ」の関係を形式的にとらえ、権力関係の本質を理解していないものであると言えよう。(注9)

憎悪のピラミッド

師岡康子（弁護士・外国人人権法連絡会運営委員）は、ヘイトスピーチを「人種的烙印の形態としての攻撃」であり、標的とされた集団が「取るに足らない価値しか持たない」というメッセージであり、それ自体が言葉の暴力であると述べている。同時に五段階から構成される「憎悪のピラミッド」の一部として説明されるとしている。（師岡康子『ヘイトスピーチとは何か』岩波書店）

冨増四季（京都弁護士会、鴨川法律事務所）によれば、マイノリティに対する暴力行為というものは、突発的に始まるようなものではなく、まずは、最下層の悪意なき先入観が社会に浸透している

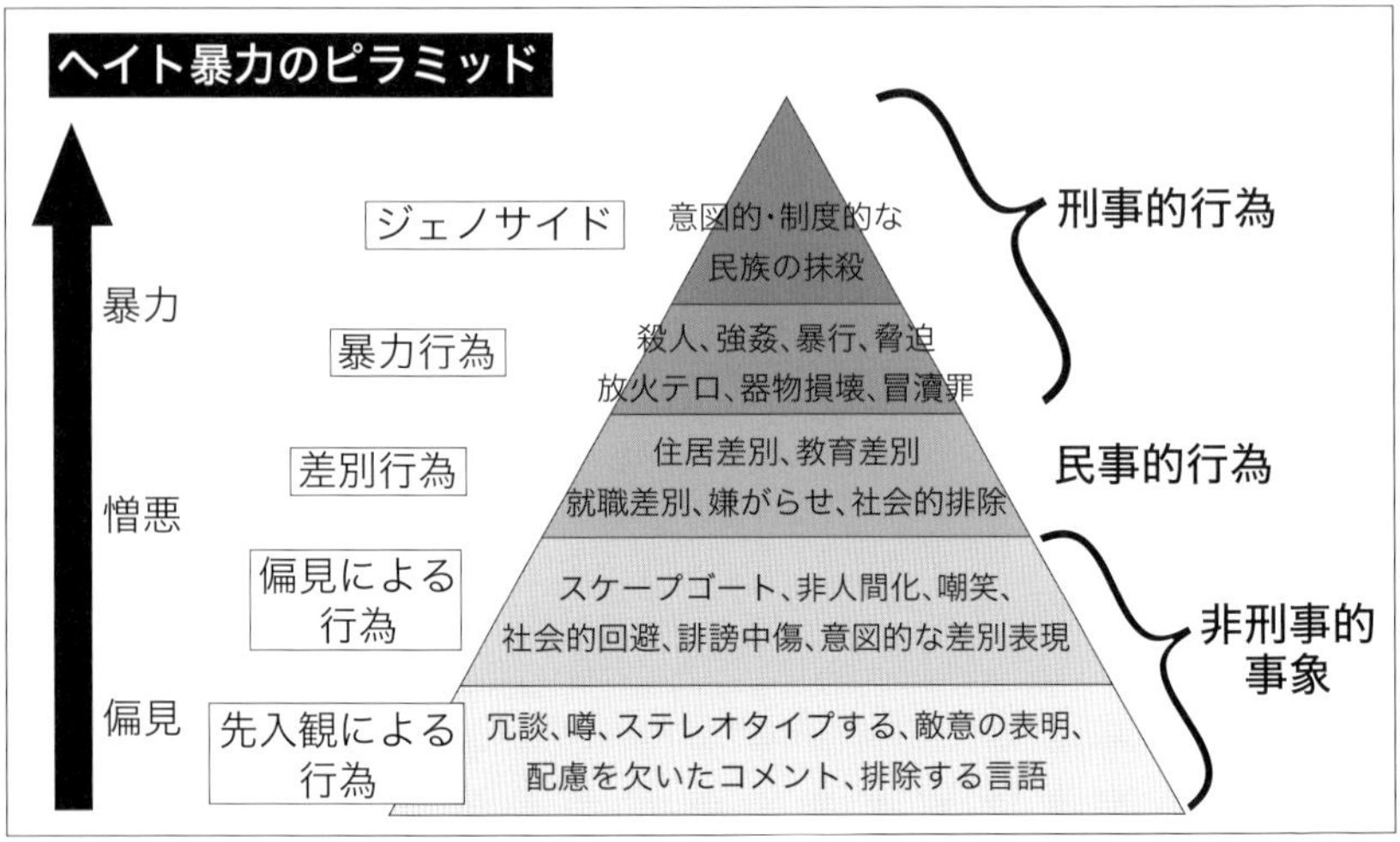

(出典：Brian Levin、Anti-Defamation League)『冨増四季のブログ　在特会・京都地裁判決に関連する雑感　ヘイト暴力のピラミッドに照らした分析』

ことが土壌になるのだという。「冗談・噂」「配慮を欠いたコメント」といった軽いものから「嘲笑」「誹謗中傷」そして「嫌がらせ」「社会的排除」と進んでいき、やがては「暴力行為」に至り、最終的には「ジェノサイド(民族抹殺)」へ到達してしまう構造である。

鶴橋の少女の街宣スピーチは「在日コリアン」に向けられたものであるが、こういった言動が拡散し常態化することによって、「憎悪のピラミッド」のステージが一段ずつ上がっていくのである。

反レイシズムの活動を続けている「男組」の高橋直輝は自身が傷害罪で問われた刑事裁判[注10]の中で、この問題に関して次のような意見陳述をしている。

(※陳述前半略)

裁判官殿

私には、このヘイトスピーチの問題を見過ごす事はできません。黙っていれば、ますます解決できない問題になっていくと思うからです。

ルワンダ虐殺、ナチスによるユダヤ人虐殺。ドイツ人が自分たちの国からユダヤ人を追い出せと、ユダヤ教会、ユダヤの人が営む商店、ユダヤの人々が住む家の窓ガラスを割って回った「クリスタル・ナハト」。

在特会が新大久保の商店街をねりあるき、「韓国人をたたき出せー！　縛り首にせよー！」と叫びながら店の看板を蹴り、ペットの犬を「コリアンの犬！」と蹴り上げる。

私には、全く同じに見えます。

ヘイトスピーチがヘイトクライムになっている現場が、今の日本にはあるのです。それをじっと耐え続けている人々を守りたい。

大阪最大のコリアンタウン・鶴橋では、差別主義者の親に育てられた女子中学生が、往来で「南京大虐殺でなく、鶴橋大虐殺を実行しますよ！」と叫びました。もう、ヘイトスピーチの世代間継承が始まっているのです。

どうしても、今、止めなければならない。

私は、このひどいヘイトスピーチ、ヘイトクライムをこの日本からなくすために、これからも反差別運動は続けていきたいと思います。

レイシズムがジェノサイドに変わる前に、私たちが立ち上がるべき時と、信じています。

（二〇一四年一月一四日　東京地方裁判所　四二九号法廷）

たとえ差別をなくすという「正義」があったにしても、暴力行為に及んだことは、自身が裁判の中で認めているとおり、社会的に許されるものではない。しかし、私はこの裁判を傍聴し、高橋氏の生の声を聞いた。その上で「レイシズムがジェノサイドに変わる前に、私たちが立ち上がるべき時」というメッセージは、胸にしっかりと留めておかねばならない極めて大事なことだと思うのだ。

レイシズムとは何か

ヘイトスピーチは、レイシズムから生まれる。一般的に人種差別と民族差別をひとくくりにした言葉がレイシズムである。

「People's Front of Anti Racism」(注1)のホームページには次のように記載されている。

レイシズム（racism）は、日本語では一般的に「人種差別」と訳されます。人種差別というからには、差別の根拠や対象が人種であり、人種とは則ち黒人・白人・黄色人種という「肌の色」が問題になると、日本では考えられがちです。しかし、実際にはそうではありません。日本は、一九九五年に、「あらゆる形態の人種差別の撤廃に関する国際条約」（通称：人種差別撤廃条約）に批准しています。この条約において、「人種差別」は以下のように定義されています。

この条約において、「人種差別」とは、人種、皮膚の色、世系（英語ではdescentですので一般的な日本語では「家系」でしょうか）又は民族的若しくは種族的出身に基づくあらゆる区別、排除、制限又は優先であって、政治的、経済的、社会的、文化的その他のあらゆる公的生活の分野における平等の立場での人権及び基本的自由を認識し、享有し又は行使することを妨げ又は害する目的又は効果を有するものをいう。

つまり、差別の根拠や対象は、肌の色や人種のみならず、世系・民族・種族などを含む、あらゆる「出生による属性」であると定義されているわけです。この定義付けは、「人種＝肌の色」という図式に慣れ親しんでいる人々にとっては奇異に映るかもしれません。しかしながら、肌の色をベースにあたかも生物学的な差異があるかのように分類することそのものが既に学術的に否定された古い概念であり（wikipediaの「人種」の頁の長々とした書きぶりは、人種という言葉が如何に曖昧模糊《あいまいもこ》とした定義であるかを如実に表しています）、かつまた、これまでの概念で「同じ人種」と括られている集団の中でも、出生による属性を根拠とした差別が存在することを考え合わせると、「人種」という言葉を「肌の色」にのみ限定することは、かえって不自然な話なのです。従って、一見、奇異に見える、人種差別撤廃条約の定義こそが、「人種」という言葉を「出生による属性」と広範囲に捕捉しており、「人種」という言葉がどのような文脈で使われようとも確実に機能しうる定義と言えそうです。我々、People's Front of Anti Racismも、この人種差別撤廃条約の定義に準拠し、「あらゆる出生による属性を対象とした差別」を、レイシズムと呼称しています。（People's Front of Anti Racism　基礎文書二〇一三年五月六日）

簡単に言えば、レイシズムとは「人間をステレオタイプ化して、差別し排除するイデオロギー」である。今まで見てきたように、日本におけるヘイトスピーチの大半は、在日コリアンや部落出身者など、変更できない出自や属性に向かって投げつけられる差別的言動である。しかし、レイシズムはこの定義だけでとらえるとその本質を見失う。なぜならレイシズムに基づく言動は、特定の人たちに向けられたものではなく、私たちの社会と社会が持つ公平性（fairness）に向けられているものだと考えるべきだからである。

この点について松沢呉一（ライター）は自身のフェイスブック上で次のように述べている。

（カウンターに足を運び）新大久保の店の人たちにも顔を覚えられるようになると、「いつもありがとう」とお礼を言われることがあります。店からすると、「私たちの代わりにあの人たちがやってくれている」という見方をしてしまうのはやむを得ないところがありますし、いちいち「あんたらのためにやっているわけじゃないよ」と言うのは無粋なので、黙って受け取ることにしています。ちゃんと説明しようとして、話がこじれて理解してもらえなかったこともあるのですが、「公正な社会のため」と大それたことを言う必要もなくて、「あんなアホどもは

許せないからやっている」だけでよい。実際、そうなんだし（二〇一三年一一月五日）

松沢の論を裏付けするかのように塩原良和（社会学者）は次のように述べている。

> 醜悪としか言いようがないヘイトスピーチに目的があるとすれば、それは他者の社会的承認の否定、すなわち相手を物理的・社会的に沈黙させ、排除することである。それゆえヘイトスピーチの標的にされた人々が、自分を傷つけるためだけに発せられる言葉に言論をもって対抗することは難しい。その結果、ヘイトスピーチが社会に蔓延すればするほどマイノリティの人々は沈黙させられる。それは、その社会で自由に主張される言論の総量が減少していくことを意味する。（塩原良和『ヘイトスピーチと「傷つきやすさ」の社会学』academic journal SYNODOS）[注12] ※傍点筆者

ヘイトスピーチを放置することは、差別の日常化を容認することである。それはとりもなおさずこの国の人権と民主主義を大きく後退させる。社会で自由に主張される言論の総量が減少し、やがてそれが死滅した先に待っていたのは、ナチス支配下のドイツに代表されるファシズム国家ではなかったか。

在特会などの極右団体は、「核武装推進」「広島原爆ドーム解体」「日韓国交断絶」「外国人入国禁

1936年スペイン市街に掲げられたノーパサラン（奴らを通すな）のフラッグ。ファシズムへの抵抗運動の合言葉となった。

止・国外退去」「朝鮮学校解体」などをテーマにしたデモを度々行っている。それへの抗議（カウンター）活動に参加する人たちが掲げるフラッグ〝No Pasaran〟「ノーパサラン（奴らを通すな）[注13]」は、レイシストを通さないという意味だけではなく、この社会にファシズムが歩ける道を作らせないという意志を示している。つまり、反レイシズムは必然的にアンティファ（ANTIFA）[注14]の立場に立つのである。

　ヘイトスピーチはレイシズムを母として生まれる。それは人の世が生み出した闇（ダークサイド）である。それはどこから生まれ、人はなぜ自らその暗闇の中に身を投じてしまうのだろうか。

ヘイトスピーチを産み落とす社会

その要因は社会全体に様々な形で存在している。事例として、石原慎太郎元東京都知事の発言[注15]を見てみよう。

「ああいう人ってのは人格あるのかね」「ああいう問題って安楽死なんかにつながるんじゃないかという気がする」（重度障がいの人たちの治療にあたる病院を視察したあとの記者会見

一九九九年九月一七日）

「これは僕がいっているんじゃなくて、松井孝典（東大教授）がいっているんだけど、〝文明がもたらしたもっとも悪しき有害なものはババア〟なんだそうだ。〝女性が生殖能力を失っても生きてるってのは、無駄で罪です〟って」（『週刊女性』二〇〇一年一一月六日号）

「（過去にサンフランシスコで）ゲイのパレードを見ましたけど、見てて本当に気の毒だと思った。男のペア、女のペアあるけど、どこかやっぱり足りない感じがする。遺伝とかのせいでしょう。マイノリティで気の毒ですよ」（記者会見　二〇一〇年一二月七日）

「お隣の『シナ』は虎視眈々と日本の衛星技術を盗み出そうと企んでいる」「言っとくけど、諸君ね、中国の事を『シナ』って言わなきゃだめだよ」（首都大学東京の卒業終了式スピーチ二〇一二年三月）

これらは、氏の発言のごく一部であるが、特定民族、女性、老人、障がい者、セクシャルマイノリティに対する独断と偏見に満ちた差別発言のオンパレードである。

さらには、橋下徹大阪市長による慰安婦発言がある。

「なぜ日本の慰安婦問題だけが世界的に取り上げられるのか。日本は『レイプ国家』だと、国をあげて強制的に慰安婦を拉致し、職業に就かせたと世界は非難している。その点につい

てはやっぱり、違うところは違うと言わないといけない」（大阪市定例記者会見二〇一三年五月一三日）

慰安婦とされた方たち、そして女性一般に対する差別発言でもあるが、その前提になっているのが、「歴史修正主義」と批判される偏った歴史観であり、その根底に流れるのが独善的で偏狭なショナリズムであることに注意を払う必要がある。(注16) ネトウヨと呼ばれる人たちがこぞってこの発言を支持したことは、それを逆説的に証明している。(注17)

暗闇（ダークサイド）が生まれる空間

この世界は、静かで穏やかなものよりも過激で派手なものが目立ちやすい。人は良くも悪くも、好奇心を持ち、そういうものに興味を惹かれやすい心情がある。石原元都知事の差別発言が容認されてきたのは、その過激に彩られた発言を「強いリーダーシップ」と感じる心情が根底にあるからではないだろうか。(注18)

また、人の失敗や至らなさを、思わず笑い喜ぶ「残酷」な気持ちは誰にでもある。そして資本主義の市場（market）は、それをことさらターゲットにする傾向がある。「嫌韓・嫌中」関連の書籍やそれをトップ記事に掲げる雑誌、有名人のゴシップなどは扇情的で攻撃的な内容ほど売れ筋になりやすい。

尖閣諸島国有化に端を発した領土問題(注19)などから「日本が韓国や中国などになめられてたまるか」と思う人は、ネトウヨに属する層とは限らない。書店に行けば「愛国フェアコーナー」が設置され、関連した本が山積みにされている。電車に乗れば「中国の日本侵略は始まっている」などの週刊誌の中吊り広告。嫌いな国のアンケートをとれば「韓国と中国が上位」と報道されるのが現状である。

在特会を中心とする「行動する保守」とよばれる勢力は、このような作られた「世論」を背景にしている。彼らは、保守系右派メディアや極右的で扇情的な内容の出版物、インターネット情報などを「栄養」に閉鎖的なネット空間から生まれてきたのである。そういった市場、教室やネットに代表されるいわば密室。それが憎悪という暗闇（ダークサイド）が生まれる主な場所である。

前出の師岡康子はこの点について、これまでの歴史教育に根本的な問題があったと指摘している。

　これまでの学校教育は現代史を軽視し、侵略と植民地支配の加害の歴史をほとんど教えてこなかった。朝鮮半島の出身者とその子孫が数世代にわたり、なぜ日本に住まざるを得なかったのかという歴史的経緯さえ、日本社会の共通認識となっていない。これでは旧植民地出身者に対する差別がなくなるはずがない。（『ヘイトスピーチとは何か』前掲書）

師岡の指摘どおり、これまでの歴史教育は近現代史がおろそかにされており、不十分であった。

桑田佳祐はそれを「教科書は現代史をやる前に時間切れ　そこが一番知りたいのに　何でそうなっ

ちゃうの？」（サザンオールスターズ「ピースとハイライト」ＪＡＳＲＡＣ１４０３６３５―４０１）と歌った。しかし「新しい歴史教科書をつくる会[注20]」などの勢力は、逆に戦後歴史教育を「自虐史観」として攻撃する。「日本をダメにした元凶は、日教組による反日教育にある」などの批判を繰り返し、排外主義の温床を作ってきたのである。

また、今まで見たような政治家などによる公的発言は、社会における差別発言のハードルを引き下げる役割をしたと同時に、「差別をするな」「マイノリティの人権を守れ」という声をリベラルの空虚なポリティカル・コレクトネス（political correctness[注21]）としてあざ笑うシニシズム（cynicism冷笑主義[注22]）を、社会に拡散させた。

私が怖さを感じるのは、在特会の行動そのものよりも、在特会の足もとに、日本人の今を覆っている空気や気分・心情が渦巻いているということです。問題は、私たち日本人の周りに領土問題や拉致問題といったナショナリズムを煽る問題が現在数多くあるなかで、日本人一般が持つ心情や皮膚感覚が、外国人差別や排外主義に向いてしまっていないか、ということです。真に恐れを持つべきは、在特会ではなく、その足元に地下茎のように広がる日本人の思惑と、正義の名を借りた差別・排外主義の連なりだろうと思います。（安田浩一『格差・貧困と憎悪――憎しみはなぜ隣人に向かうのか』反貧困ネット北海道・二〇一二年度連続学習会）

ヘイトデモを繰り返す勢力は、自らのみに「正義」と「大義」があるという不遜な言動を繰り返しているが、彼らをして、そう思わしめているのは社会の有り様であり、それこそが問題の根幹なのである。

差別の根っこ

私たちは社会と否応なくつながり、その社会に影響されて生きている。そういう意味では、在日コリアン差別も、外国人差別も、ハンディキャップを持った人への差別も、女性や老人への差別も、セクシャルマイノリティに対する差別も、その根っこは同じなのではないだろうか。レイシズムに走る人たちは、取り立てて特殊な性向や生い立ちを持っているわけではない。社会の有り様が一人一人の生き方を決定づける。そしてその社会は一人一人の意識の総体なのである。

長年、在特会の取材を続けている安田浩一は著書の中で、興味深い証言（元在特会関係者）を紹介している。

在特会などに走る人たちは「うまくいかない人たち」だと述べる人もいる。「人生とか、仕事とか、勉強とか、人間関係だとか。そうしたルサンチマンみたいなものに、在特会はきちんと手を差し伸べているんですよね。いやもう言っていることはメチャクチャだと思うことは多いですよ。自分たちは左翼教育の犠牲者だとか、外国人に仕事を奪われたとかね。（中略）た(注23)

だそうした人々にとって右と左のどちらが魅力的かといえば、そりゃあ右に決まっている。いま、左翼のどこに魅力がありますか？　半ば体制化した左翼よりも、アナーキーな魅力に富んだ右翼のほうが、よほど若者の危なっかしい欲求に応えている。どうせ将来の展望を見出すことができない世の中なら、刺激に満ちた運動のほうが面白い」（安田浩一『ネットと愛国　在特会の闇を追いかけて』講談社）

ここで語られている論理をすべて肯定するわけではないが、レイシズムに惹かれていくメカニズムの分析としては興味深い。とくに「アナーキーな魅力に富んだ右翼のほうが、よほど若者の危なっかしい欲求に応えている」という論は、フランスで（失業率の高さや移民政策に関する既存政治に反発する形で）極右勢力が支持を集めていることとも関係している。(注24)

特別な人間がレイシスト（差別主義者）になるわけではない。社会全体に存在する不公平性と漂う閉塞感が、私たちを憎悪というダークサイドに導く。その心理的プロセスを次にみてみよう。

憎悪の発端となる「怒り」

人の心に生まれる憎悪は怒りの感情がベースになる。怒りは人間の持つ基本的な感情であり、生まれながらにして持っているものである。フロイトはそれを「人をして破壊や攻撃へと駆り立てる死の本能」と位置づけた。フロイト自身が殺戮《さつりく》を日常としていた第二次世界大戦を見てきたので、人類には本能的にそのようなものが備わっていると考えてしまったのだろう。それに対して長年、道徳教育に関わってきた汐見稔幸（白梅学園大学学長・東京大学名誉教授）は次のように述べている。

人間は他の生物には見られない激しい「攻撃性」を有している。自分の欲望や利権のために仲間を殺す動物はいない。しかし同時に人間ほど他者を思いやる共感能力を持った動物はいない。それが恋愛や文化、社会をつくる原動力になった。（汐見稔幸『道徳教育を考える』西日本新聞二〇一三年九月二四日）

フロイトが主張するように怒りや憎しみの感情が「死の本能」であるならば、それは人が生きている限り、消し去ることは出来ない。むしろ「不滅のもの」として私たちの人生に否定的な影響を与え続ける。しかし果たしてそうであろうか。仮に「死の本能」があったとしても、汐見が言うところの共感能力が備わっていればコントロールすることが出来るはずだ。怒りや憎しみは、あくまで人との関係性の中で生まれる「反応」の一形態なのである。

そもそも怒りの感情というものは「破壊」「攻撃」まして「死の本能」に直結するものばかりではない。不正義や悪に対して「怒り」の気持ちを持つことは極めて人間らしいことである。そして人は喜びの感情を合わせ持つ。自分の願いが実現すれば、喜びの感情を爆発させる。他者にリスペクトされ、微笑みかけられれば、それに好転的に反応しながら自分が生きている意味を再認識する。怒りの感情も喜びの感情も、人または外界との関係における「反応」であり、「(自分が) 投げたボールしか返ってこない」という関係性[注25]の問題でもあるのだ。

しかし、その怒りの感情はしばしば「破壊」や「攻撃」などネガティブなものに転化しやすい。怒りの感情は、自分や自身の生き方が否定され、行動が阻害されたと感じる時（自身の欲求が満たされない状況）に起きる。とは言うものの、一時的な「怒り」と長期的持続的な「憎悪」は本質的に違う。怒りが憎悪に転化するメカニズムはどういったものだろうか。

憎しみが生まれる「三つの仮説」

南アフリカ初の黒人大統領となり、アパルトヘイト（人種隔離政策）の撤廃に生涯を捧げたネルソン・マンデラ（二〇一三年一二月没）はこう言った。

> 生まれたときから、肌の色や育ち、宗教で他人を憎む人などいない。人は憎むことを学ぶのだ。もし憎しみを学べるのなら、愛を教えることもできる。愛は、憎しみに比べ、より自然に人間の心にとどく。
>
> No one is born hating another person because of the color of his skin, or his background, or his religion. People must learn to hate, and if they can learn to hate, they can be taught to love, for love comes more naturally to the human heart than its

opposite.（リチャード・ステンゲル『信念に生きる――ネルソン・マンデラの行動哲学』英治出版）

彼の言葉を借りれば、憎しみも後天的なものであり、今まで述べたように、人との関係において生じる社会的なものに他ならない。とするならば、怒りの感情が憎悪に変質する要素はなんだろうか。次の三つの仮説を元に考えてみよう。

①生じた欲求不満やストレスが自分で制御できる限界を超えてしまった時
②事態を読《よ》み拓《ひら》くちから（リテラシー）が脆弱《ぜいじゃく》な時
③自分の持つ感情に集団的共感性（シンパシー）を感じた時

①のケースは、「キレる」とよく評される。また、激しいいじめによって心的外傷（ＰＴＳＤ）(注26)を負った子どもなどに、よく見られるケースである。自分を激しくいじめた相手に対して「彼には、一生会いたくない、顔を見たくない」という拒否感情に留まらず「死んでしまえばいいのに」という憎しみを抱いたまま過ごす子どもがいる。その根底には自分の能力では耐え難い仕打ち（攻撃）から生まれたストレスによって、自己の尊厳を「根こぎ」された経験から生じる嫌悪感情がある。それは自身を守る防御感情であり、対象への憎悪を内に含んだ拒否反応でもある。

②のリテラシーについては第Ⅱ章で詳しく述べたいと思うが、ここでも「事態を読み拓くちか

ら」とする。これは「あの子はこうなんだってさ」と教室や街角でささやかれる「噂」に無批判に追従することから「いじめ」や「村八分」が始まることと深く関連している。やがて噂はその真偽とは関係なく、多くの人の口を通して語り継がれ、社会的なトピックに仕立て上げられてしまう。

野間易通は「さまざまな『在日特権』が、この一〇年ほどの間にまさに都市伝説のように、ネット空間をコピー&ペースト（コピペ）されて広まってきた」（『「在日特権」の虚構』前掲書）と述べた。

左のビラは内容があまりにも虚偽に満ちているため、在特会広報部長の米田隆司氏でさえ「ネットで出回っている在日特権リストはデマであり、在特会が発信したものでもない」と公式に認めている。（同会主催シンポジウムにおける発言、二〇一三年一一月）

しかし、ここに書かれた内容は、それまで無制限に拡散され、ヘイトスピーチが広がる一因となった。その影響はデマだから（注27）と言って一笑に付してよいものではない。この手のデマはいまなお「在日特権」という名でネットの世界を中心に溢れ、日々たくさんのレイシスト予備軍を作っている。

同調現象のメカニズム

噂がデマになり、やがて「真実」のように一人歩きするメカニズムを解く鍵は同調現象である。「人と違ったことをしないように、人様に迷惑を掛けないようにすること」が「美徳」とされてきた日本社会において、異論は歓迎されない。噂を調べ、確かめ、事態を正しく読み拓くことよりも

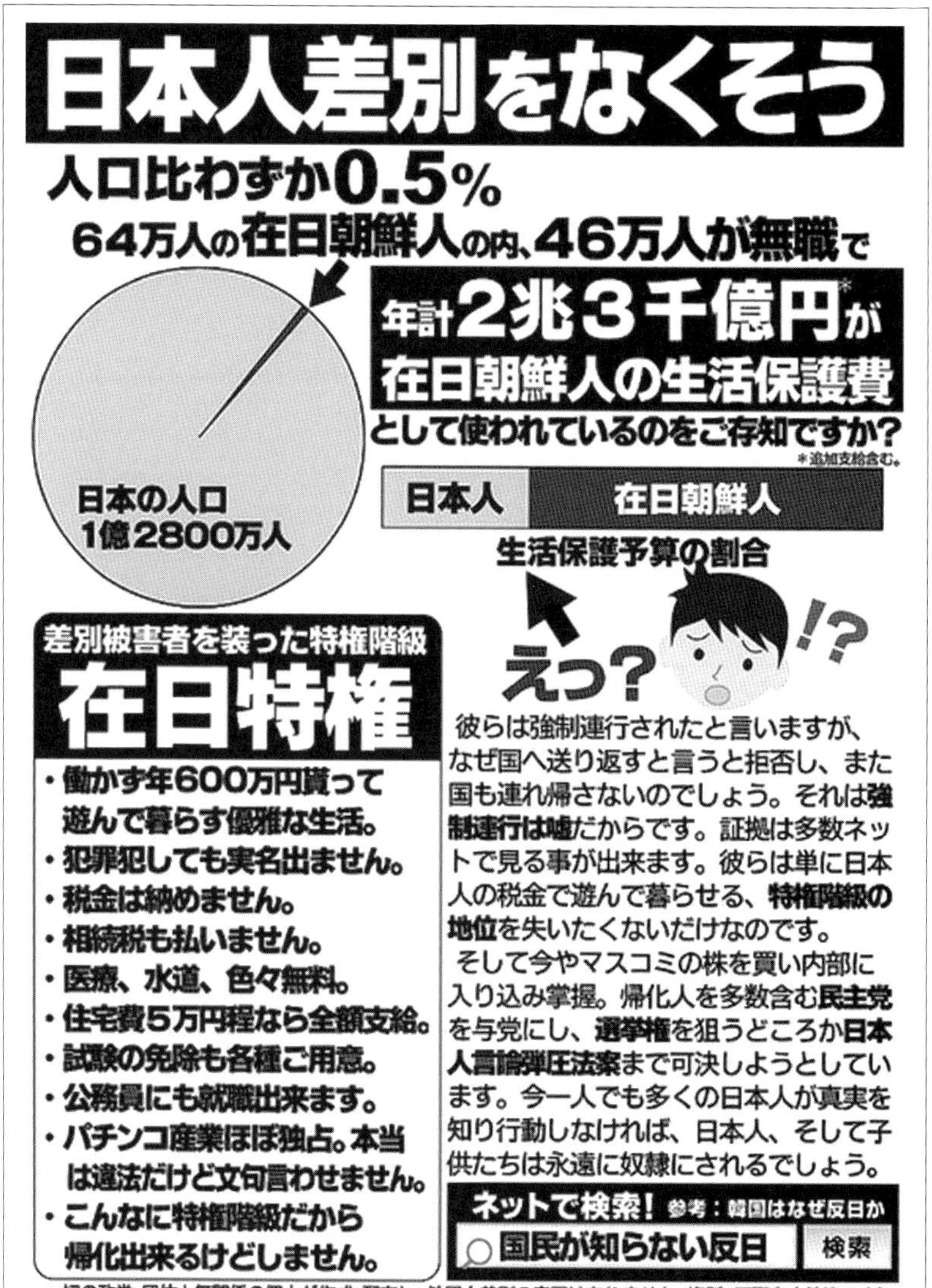

日本人差別をなくそう
人口比わずか0.5%
64万人の在日朝鮮人の内、46万人が無職で
年計2兆3千億円*が
在日朝鮮人の生活保護費
として使われているのをご存知ですか？
＊追加支給含む。

差別被害者を装った特権階級
在日特権
・働かず年600万円貰って遊んで暮らす優雅な生活。
・犯罪犯しても実名出ません。
・税金は納めません。
・相続税も払いません。
・医療、水道、色々無料。
・住宅費5万円程なら全額支給。
・試験の免除も各種ご用意。
・公務員にも就職出来ます。
・パチンコ産業ほぼ独占。本当は違法だけど文句言わせません。
・こんなに特権階級だから帰化出来るけどしません。
彼らは強制連行されたと言いますが、なぜ国へ送り返すと言うと拒否し、また国も連れ帰さないのでしょう。それは強制連行は嘘だからです。証拠は多数ネットで見る事が出来ます。彼らは単に日本人の税金で遊んで暮らせる、特権階級の地位を失いたくないだけなのです。

そして今やマスコミの株を買い内部に入り込み掌握。帰化人を多数含む民主党を与党にし、選挙権を狙うどころか日本人言論弾圧法案まで可決しようとしています。今一人でも多くの日本人が真実を知り行動しなければ、日本人、そして子供たちは永遠に奴隷にされるでしょう。

ネットで検索！ 参考：韓国はなぜ反日か

一切の政党・団体と無関係の個人が作成・配布し、外国人差別の意図はありません。複製、再配布大歓迎です！

『通名制度の悪用をなくせ！ デモ in 新大久保 2013・5』で配布されたビラ
（詳細は不明だが日本人差別をなくせデモ実行委員会　作成とされている）

「みんな」の意見を補強することが優先される。とくにネット上では異論を述べれば、批判とは呼べないような激しい個人攻撃にさらされることがあり「炎上(注28)」することがよくある。

このような同調現象は、人々に沈黙を強制する圧倒的な力を持つ。人気お笑い芸人Ｋの母親が生活保護を受給していたことに関して「生活保護の不正受給は許さない(注29)」と大手メディアが取り上げ(注30)、ネットを中心に列島が沸騰してバッシングしたことは記憶に新しい。私はＫがテレビの記者会見で、涙を浮かべて「謝罪」した場面を忘れることは出来ない。

「③自分の持つ感情に集団的共感性（シンパシー）を感じた時」は、「②事態を読《よ》み拓《ひら》くちから（リテラシー）が脆弱《ぜいじゃく》な時」と密接につながっている。疑わしいかもしれないとどこか自覚しつつも、それを発信した場合、同調し共感してくれる他者が存在すれば正当なものとして自分の中で合理化される。ネットで言えば、発信したものが、シェア、リツイートされればされるほど、自分が認められたということになる。条件反射的にそれに励む構造(注31)が生まれる理由はそこにある。

やがて、自分が抱いていた憎しみの感情は「正義」に転化し合法化される。そもそも「在日は働かず年六〇〇万円貰って遊んで暮らす優雅な生活」「試験の免除も各種ご用意」などのトピックは、ほんの少し考えれば、そのおかしさが分かるはずだ。分からないにしても、ほんの少し自分で調べればいい。しかし、その「ほんの少し」のハードルが上がっている。それは手間を惜しむという側面ばかりではなく、「攻撃の対象」が存在したほうが自分にとって都合がいいという心理とリンクしているからだろう。ネトウヨと称される人たちの言語空間はおもにこういったものではないか。

シンパシーを持つ不特定多数の他者の存在によって、不確かなことであっても疑うことなく自分の認識となってしまう構造。また自分が尊敬し信頼する「絶対的」他者の情報を盲信すること。こうした構造はカルト宗教（カルト思想）に共通する危険なものである。(注32)同時にいじめに加担する子どもが強いものになびき、徐々に集団化し、いじめ行為が悪性化していくメカニズムとも相似形をなす。

日本社会は閉鎖的であると言われている。閉鎖性が強い社会では、自身で検証することなく流布される噂に迎合していく構造が生まれやすい。それは「マジョリティ（多数派）の側にいて自分を守りたい」という防衛反応である。同時に、自らを多数の側に置くことによって「だってみんなだって！」という免責反応を生み、事態を一層深刻化させる。教室で起きる「いじめ」の多くもこういった形態をとることが多い。

この章で述べてきた①〜③が複合した最悪の例として、関東大震災時に在日コリアンが虐殺された事件を忘れてはならないだろう。誰かがつぶやいた小さな噂が「流言飛語」となり、暴徒化した「普通」の人たちによって彼らは殺された。(注33)それは同調現象をベースにして「憎悪のピラミッド」があっという間に最上段に達するスピードを有していることを証明する恐ろしい物語である。

逆立ちした自己承認欲求

このような負の行為が拡大再生産されるメカニズムを解く鍵が「自己承認欲求」である。アブラハム・マズロー（Abraham Harold Maslow・アメリカ・心理学者）は、人間の基本的欲求を次のように整理した。

1　生理的欲求（physiological need）　例　食欲・睡眠欲
2　安全の欲求（safety need）　例　怖いことを避ける、安全確保
3　所属と愛の欲求（social need/love and belonging）　例　友だちや仲間が欲しい
4　承認の欲求（esteem）　例　尊敬されたい・愛されたい、認められたい
5　自己実現の欲求（self actualization）　例　より良い自分になりたい

1と2は身体的（生命）欲求であり、3、4、5は心（自我）の欲求である。1と2を基盤にしながら人は自らの自己実現という究極の「幸せ」を求める。その道の途中にある最も大事なものが自己承認の欲求である。集団から価値ある存在と認められ、尊重されることを人は狂おしく求める。「人はパンのみに生きるにあらず」と聖書に記されるように、人は物質的満足だけを目的として生きるものではない。それは人が人たる所以でもあり、文化的な生き方を獲得し、共に生きる社会を形成しようとしてきた営みと密接につながっている。

先ほどの例で言えば、自分がネット上で書き込んだものが拡散すること、それは、たとえ擬似的であっても、自分が承認されたことと同義となる。鶴橋の少女もそうであろう。街宣の動画を見る

と少女のスピーチに対して拍手し「そうだあ！」と呼応する大人たちが周囲にたくさんいる。少女にとっては「自分はここにいる。認められている」という承認欲求が満たされる貴重で「大事」な場なのだろう。

　またヘイトデモのカウンターに参加した人の多くが「なぜ彼ら（レイシスト）はあんなにニヤニヤして嬉しそうな顔をしてヘイトをまき散らすのか」という感想を抱く。これも、カタルシス[注34]だけではなく、閉鎖的な集団の中であっても「自分が認知、承認されている」という安心感と喜びの発露であると考えられる。

　いじめは「相手が気に入らない、かんに障る」という感情から始まることが多い。そして（無自覚であっても）鬱積《うっせき》した自分の欲求不満をはらしたいという気分と結びつく。また、他者を貶《おとし》めることによって、自分の存在や価値を際だたせたいという側面がある。

　いじめ行為に及ぶ子どもやヘイトスピーチに走る人たちは、他者をいじめるその行為を通して、自分の存在を繰り返し確認しているのだろう。それは、「自分はここにいる、気づいてくれ」「誰か自分を認めてくれ」という狂おしいまでの心の叫びが根底にあるからではないだろうか。これが逆立ちしてしまった自己承認欲求の正体である。

憎悪への転化――傷ついた感情

　しかし、これだけで怒りが憎悪に転化するメカニズムは解明できない。1〜3は私たちが日常的に体感する言わばありきたりの事柄である。だからといって誰しもが人を憎悪するわけではない。なぜ、怒りは敵意に変わりやがては「憎悪」というモンスターに成長するのだろう。

怒りは自分の欲求を阻害した他者や外界に対しての攻撃という形をしばしばとる。そして攻撃対象が屈服し、表面的であっても「問題」が解決した場合に怒りは沈静化する。いわゆる「溜飲《りゅういん》をさげた」「すっきりした」という感覚である。しかし、実際にはそうならないケースが多い。屈服するどころか、手痛い反撃にあったり、より問題が拡大して手が付けられなくなることが多いのが世の常だ。そのやり場のない怒りは、他者や時には自分への攻撃に向く。

他者によって傷つけられた感情が底流にある場合、特にそうなることが多いのではないだろうか。人間や動物一般は自分への身体的暴力を避けるようにして生きている。そして社会的存在である人間は、心理的に「傷つけられること」を強く拒否する。繰り返し傷つけられたと感じる時に人は、怒りを憎悪に転化していくのである。

たとえば、激しい排外主義を掲げる「外国人犯罪撲滅協議会」の代表を務めるA氏はブログ(注35)のプロフィールで次のようなことを書いている。

子供の頃から警察官や自衛官など国を守る職業に強く憧れていたせいか、中学二年生の時に社会科の左翼教師から標的にされ陰湿な嫌がらせも受けた。高校に(中略)進むが、ここでもサヨク教師との因縁に悩まされ続けた。国を守ることに携わりたいと思う一方、戦後の日本を

覆う左翼思想に対する反発によって、徐々に自身の中に愛国心が醸成される。（原文のママ）

氏の言う「陰湿な嫌がらせ」が実際にあったのか、あったにしてもどのようなものであったかを知ることは出来ない。しかしながら「サヨク教師」によって「自分が否定され傷つけられた」という思いや感情そのものは理解できる。仮に、彼の証言が正当だとするならば、大人とりわけ教師が陥りやすい「良かれと思ったことの押しつけ」〝独善性〟に対する彼なりの異議申し立てをみることができる。

もしかすると「殺してやりたい」ほど憎むというのは自分が傷つけられたことへの反撃であり、「認められたい」「よりよく生きたい」というメッセージを内に含むものではないだろうか。

しかし、ヘイトデモに走る人たちがみんなA氏のような過去を持っているわけではない。(注36) たとえば、直接的に在日コリアンに傷つけられた経験がある人が、どれだけいるだろうか。仮にいたにしても、それが恒常的かつ日常的にあることは想像しにくい。安田は直接傷つけられたという意識がなくても差別は発生するとして「下から見上げる差別」という概念を提起している。

従来の差別を上から見下す差別とすれば、（ヘイトスピーチは）逆に、下から見上げる差別と言えばいいのかもしれません。典型的なのが「メディアが在日に乗っ取られている」「学校教育が左翼と在日に支配されている」というもの。支配と被支配の関係で、自分が後者に属しているという意識や感覚が、彼らの間で広がっているのです。つまり、自分たちを被害者であると位置づけて、それを前提に、自分たちの行動は差別ではなくレジスタンスだと定義する。(安田浩一〝大衆メディアにまで拡大する新たな「嫌中韓」の潮流〟『紙の爆弾』二〇一四年三月号・鹿砦社)

先に述べたように、排外デモに参加する人の多くは「へらへら」と笑い、まるで差別を楽しんでいるような光景が見られる。安田の論を借りれば、彼らは差別ではなく正当なレジスタンスだと定義しているのだろう。どちらにしても、彼らは一体、何をエネルギーにしているのだろうか。そのひとつの答えが「ジェラシー」である。

ジェラシーの構造

「バッシング」とは、特定の個人や集団に対して不当、もしくは過剰な非難攻撃が浴びせられる現象を言います。どんな国にもバッシングはあります。しかし、諸外国でバッシングの標的となるのは多くの場合、政治家や経済人さらには「セレブ」と呼ばれる各界の著名人です。ところが日本の場合には、権力者とマスメディアが一体になって普通の公務員や生活保護受給者（!）のような弱者を叩く構造がみられます。強者が弱者をたたくのが「日本型バッシング」の特徴です。子どもの世界に蔓延しているいじめは、大人の模倣のようにみえます。(小谷敏

『ジェラシーが支配する国　日本型バッシングの研究』高文研）

小谷が指摘するように、自分より権威や権力が上位にあるものを叩くのが欧米型のバッシングであるとするならば、日本型は自分よりも立場が弱いものや、マイノリティを好んで叩くという特徴がある。

これを教室で起きる様々なことに置き換えてみよう。子どもたち同士のケンカが水平暴力であることに対して、いじめは垂直暴力であり、自分よりも下層に位置する子どもへの攻撃や無視である。また、もうひとつのいじめは、かつてリーダーだった子ども（上位にいる子ども）への仲間外しという形態をとる。後者のいじめの引き金になるのは、多くの場合「ジェラシー」である。自分より優れた者をうらやみ、ねたむ。(注37)自分の愛する者の心が他に向くのを、うらみ憎む。子どものみならず、私たちがよく言う「ずるい」は多くの場合「自分もそうしたい」という願望と「だけど出来ない」という悔しさが隠れている。

生活保護バッシング、ありもしない「在日特権」を攻撃する人たちの心理は、単純ではないが、自らの心が満たされていないことに起因していることが多いのではないだろうか。

リーダー格の青年がマイクを手にした。「みなさん、こちらは在日特権を許さない市民の会です！（略）チョンコどもは、厚かましく生活保護を申請するんです。なんで外人に生活保護支給しなくちゃならないんですか。いいですか、みなさん、日本では一年間に三万人が自殺しています。その多くが生活苦で自殺しているんですよ。日本人がね、生活が苦しくて死んでいる状況で、大阪では一万人の外人が生活保護もらっているんです。だったらせめてチョンコは日本人に感謝せえよ！　強制連行で連れてこられたただのなんだの、日本に対して謝罪や賠償ばかり求めているのが朝鮮人じゃないですか。オマエたちに民族としての誇りはないんか？　祖国に戻って生活保護をもらえ！　日本人からエサもらいたかったら、日本に感謝しろ！」（『ネットと愛国　在特会の闇を追いかけて』前掲書）

このスピーチに出てくる数値や中身は欺瞞《ぎまん》に満ち、主張そのものもズレたものだが、それについてはここでは言及しない。問題にしたいのはここには、激しい「ずるい・満たされない」感情があふれていることである。この青年の生活が現実に苦しいかどうかを検証することは出来ないが、少なくとも多くの日本人の生活の苦しさ（注38）を一定程度、反映していることは間違いない。

しかしながら、ここで注意したいことは、生活保護バッシングに関してはメディアによる一方的な「不正受給問題」報道の影響が大きいことである。二〇一二年度の生活保護費は総額で約三兆七千億円。不正受給が全体に占める割合は〇・五％にしか過ぎず、しかも「不正」とされる多くは事務上の申告漏れによるものであり、ワイドショーで報道されるような悪質なケースは少ない。（二〇一四年発表、厚労省まとめ）

むしろ問題なのは、生活保護基準以下の世帯で、実際に生活保護を受給している「生活保護の捕捉率」が二〇％程度であり、他の先進諸国と比べて極めて低い水準にあることである。(注39) しかし、あたかも「不正受給」が蔓延、横行しているような報道は、社会にジェラシーと見えない敵をつくり出し、「貧困」「格差」という、本当の問題を覆い隠している。

つくり出されるジェラシー

フリーランスの記者をしている藤田和恵は、橋下徹氏が市長を務める大阪市で起きているリアルな状況を次のように報告している。

公務職場の非正規労働者が、正規で雇われている公務員たちに向ける心情や眼差しとは、現状からはっきり言ってしまえば、「憎悪」ないし「憎しみ」です。私個人の心情としては、「嫉妬」や「やっかみ」といった、若干オブラートに包んだ表現をしたいところなのですが、残念ながら、公務職場の現状を踏まえる限り、「憎悪」ないし「憎しみ」という表現が最も相応しいと言わざるを得ません。（略）同じ職場で机を並べて働く正規と非正規の労働者が、どうして一方がもう一方に対して憎悪の感情を抱く状況までに追いつめられてしまったのか、そう考えると、正直やりきれない気持ちになります。（反貧困ネット北海道二〇一二年度連続学習会・講演要旨）

橋下の支持率が高いのは、公務員バッシングや既得権益に対する攻撃姿勢に共感する層が多いという分析がある。またそれは権力を持つ者にとっては、自分に矛先が向かわないという意味で、誠に都合のいいことであり、体制を補完する役割を果たす。パウロ・フレイレ（ブラジル・教育学者）が指摘したように「被抑圧者は抑圧者に転化(注40)」しやすい傾向を持つのである。

藤井啓之（愛知教育大学教授・教育学者）は「ソチ冬季オリンピックでメダルを逃がした選手は税金泥棒」という意見がネットで挙がったことに対してフェイスブック上で興味深いコメントをしている。

前回の國母和宏《こくぼかずひろ》選手のズリパン騒動の時の「税金なんだから」という批判もそうだけど、俺は税金払っているから何でも言う権利があるという勘違いだろう。公務員バッシングと似てるかもしれない。

それじゃあ、税金やめるけど、そのかわり日本選手が勝っても絶対に便乗して日本サイコーとか言ったり、喜んだりしないようにしろとか言ったら、きっとバッシングしてる人たちのほとんどは同意しないんだよな。

自分では何の努力もしないで、テレビの前で日本人サイコーとか言って喜びたかったのを裏切られたってだけのことだと思う。情けない話だが。

やるせない自分、うまくいかない生活、うずまく不満を栄養にしてジェラシーは育つ。それが自分を奮い立たせ、社会を変革するベクトルに向かない時に、人はひがみ、やっかみを超えた「憎悪のジェラシー」という暗闇に陥る。

それらジェラシーが発生する要因は、個々人のパーソナリティの問題だと単純に決めつけることはできない。格差社会が常態化された社会構造にみられるように、多くは政策的につくり出されていることに注意を払う必要がある。(注41) つくり出されたジェラシーが憎しみに転化する時、他者への非難・攻撃が強まる「寛容なき社会」が生まれる。

寛容なき社会

Uターンラッシュがピークを迎えた二〇一四年一月三日。東海道新幹線は、火災事故の影響で激しい混雑に見舞われた。これに乗っていた若い女性客のツイッター（短文投稿サイト）が大炎上する。発端となったのは次のツイートである。

「ちょいと新幹線の車掌さんよ！　大幅に遅れて運行している中、席がたくさん空いているのにグリーン車の切符がないとグリーン車に乗れないなんて全っっっ然やさしくなーい。立ってる子連れやお年寄りがいるからお願いお願いって言ってもダメだった。あたいの説得力の無さったら……チーン」

「車掌さんたちもきょうはきっとお客さんに怒鳴られたり文句言われたり業務に追われたりといろいろ大変だとは思うけど立ってる人への配慮プリーズ。こんなときの規則なんてグシャグシャしてポインじゃ」（原文のママ）

それに対して、悪意に満ちたリプライ（誰もが見ることができる元発言への返信）が殺到して突如炎上状態になった。


「てめえみたいな客がいるから、余計な仕事が増えるんだろうがゴミ」

「金を払ってグリーン車に乗っているんだ。クズ」

「頭逝かれてるから早急に精神病院に入院して下さい www」

「貴方は真性の乞食脳です。名前も顔も出してて恥ずかしい方ですね。一回幼稚園からやり直して下さい。それが貴方のためでもあり日本社会が望んでます」

「営利目的で商売してるんだからその理論はおかしい食べるものがないから松坂牛ただで食わせろって言ってるようなもん席を譲ったのはただの自己満足、そこでやめとけばいいのに車掌に配慮させようとしたのはキチガイ、座らせたいなら空席買い上げて座らせてあげればいい」

「俺にとってはエブリデーが非常事態なんだから税金とかルールとか関係なく俺だけはタダ

でグリーン車に乗せろ！」（すべて原文のママ）

一方、賛同意見も多く寄せられており議論は一層紛糾したわけだが、このトピックは、いまの日本社会の断面である。たった一言のつぶやきが、あっという間に炎上する社会。これは、例え無自覚であったにしても、少なくない人たちが他者を攻撃したくて仕方がない心理状態にあることの証明ではないだろうか。

2ちゃんねる(注42)やツイッターなどに代表される匿名性の強いネットは、特に攻撃性を帯びやすい。「チョウセンジンを殺せ、たたき出せ」と主張する在特会などの排外主義団体がネットから生まれ、勢力を伸ばしてきたのは先に述べたように偶然ではないのだ。匿名性の強いネットは、広く情報を拡散させるメリットと同時に、今までタブーとされた「差別」や「憎悪」を「気軽」に書き込める恰好な空間として機能している。

ここにみられるのは「自己責任論」をベースにした他者への不寛容さと攻撃性である。いじめやレイシズムの源流にあるものはこれだ。

寛容的な社会

対比的に、安井裕司（日本経済大学教授）は自身のブログで、スイスの事例をもとに次のような興味深い提起をしている。

スイスでは、ジュネーブからチューリッヒ間、約二時間半を走る高速列車（Inter City）に「Family Coach with play area」と称する子供専用の車両（二階建てで上階が子供専用）があります。驚くことに、その車両には数席しか座席はありません。壁には象や猿やゴリラ等の動物の絵が描いてあり、中央に滑り台があり小さな鉄棒があります。

子供たちは親に見守られながら、その車両で遊びながら移動時間を過ごすのです（不思議に、自分の子供だけではなく、他人の子の安全まで自然にケアするようになります）。

Inter City は、新幹線のように専用の線路ではありませんのでかなり揺れます。急なカーブもあります。子供たちは駆け回りますので、危険と言えば危険です。最初に利用した際、日本もしくは米国ならば、誰かが「危ない」と文句を付けるだろうなと思わずにはいられませんでした。親は自己責任[注43]で「Family Coach with play area」に子供を連れて行き、遊ばせているのです。ただ、他のお客さんには子供の声でご迷惑をおかけすることはありませんし、子供も、本来ならば「おとなしく座っていない」と言われる時間に、自由に動き回り、滑り台まで楽しめて満足です。（略）

社会全体が子供をどう考えるかを、スイスの「Family Coach」を利用する度に考えるのです。もう少し、日本も子供中心に（子どもの我儘を聞くということではなく、「子育て」を中心に置いて）社会建設をしたほうが良いのではないでしょうか。（安井裕司『スイス Inter City 列車のファミリー車両[注44]』）

社会全体にゆとりがなく、弱者へのケアをする仕組みや条件が整っていないことが根本にあるにも関わらず、それが「個人対個人の紛争に転化したこと」が、先ほどの新幹線のグリーン車についてのツイート炎上の原因ではないだろうか。それに対して、スイスのファミリー車両は、「国や行政は何をすべきか。個人対個人の紛争を乗り越えるためには、どんな社会でなければならないか」という重要なヒントを提示している。

他者を攻撃しあう寛容なき社会。それは根本の要因に批判が向くことのない、為政者にとって誠に都合の良い「ジェラシーの支配する国」（小谷敏）なのである。すべての問題を個人の責任とする「寛容なき社会」と、個人ではなく社会のあり方をテーマにする「寛容的な社会」。私たちはどちらに向かうべきなのだろうか。その答えは明らかである。

憎悪（ダークサイド）――暗闇とは何か

「人はなぜ闇（ダークサイド）に陥るか」「そもそも闇とは何か」を授業のテーマとして取り上げたことがある。

（略）ダークサイドは地面に突然現れる落とし穴みたいなものではなく、だんだん深みにはまっていく坂のような形をしていると考えます。しかし、入っていく側の坂は一定の傾度ではなく、はじめはゆるやかですが、だんだん急になっていき、気づいた時には信じられない位の

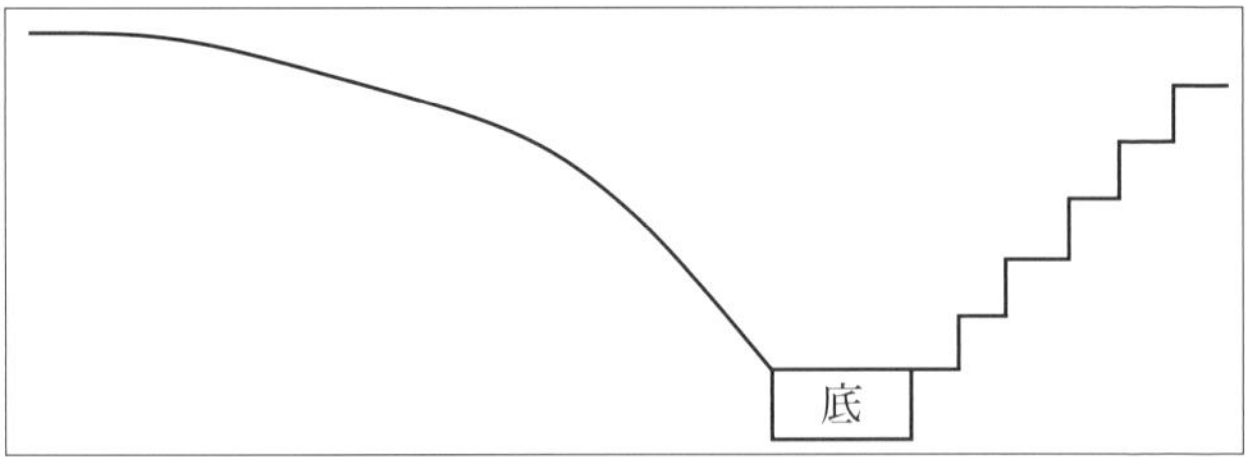

堀内がコメント用紙の片隅に描いた図

深みにはまっているのです。その坂は一度下り始めたら止まらないようなものなのかもしれません。反対に上り坂は階段状になっていると思います。底辺（そんなものはないのかもしれませんが）、仮にそれにたどり着いた時、何かのきっかけで目の前に段差が現れたとしたら、それに気づいて上り始めることが出来るのではないでしょうか。その段差は友人だったり家族だったり、本だったり、何の関係もない他人の発言だったり様々だと思います。（堀内梨子〈仮名〉「生徒・進路指導の理論」コメント・立教大学一年）

闇は光との相対的な関係にある。暗闇があることはこの世に光があることとの逆説的な証明でもある。とは言うものの、実は人間社会における暗闇は光の対象物として二元的なものではない。「白か黒か」ではなく、昼間から夕暮れ、そして夜に時が移り変わるように闇は徐々に訪れる。堀内が言うように、ゆっくりと少しずつ下る緩やかな坂は、それを下りとは気づかないものだ。自らの入った水をゆっくりと熱せられると死ぬまで逃げ出さない「ビーカーの中のカエル」のように。

自分の目的や欲求を阻害された怒りやストレス、逆立ちした自己承認欲求、そしてジェラシー、一方的な報道によって生み出された偏狭なナショナリズム。それらが人を憎悪という暗闇へ傾斜を下るように少しずつ追い込んでいく。

しかし、今までみてきたように、憎悪は人がもって生まれたものではなく、ましてやフロイトの言う「死の本能」ではない。後天的であり、つくり出されたものであり、人と人との関係を媒介にした「反応」の一形態であり、社会的関係性の問題なのである。こうした憎悪と闇の世界から脱出する「希望のベクトル」はどこにあるのだろうか。

（注1）街頭行動、言論、写真、アート、音楽、署名、ロビイング、イベント、学習会その他、必要なあらゆる方法でレイシズムに対抗することを表明し活動している団体。http://cracjpncs.tumblr.com/post/63156478071/c-r-a-c（二〇一四年二月一五日確認）

（注2）ヘイトクライム（Hate crime　憎悪犯罪）はアメリカ連邦公法などによれば、言論による示威活動に留まらず、身体、器物などへの暴力的犯罪行為にエスカレートすると認定される。人種、民族、宗教、性的指向などに関わる特定の属性を有する個人や集団に対する偏見や憎悪が元で引き起こされる犯罪行為の総称。日本におけるヘイトクライムの例としては、「在日特権を許さない市民の会」（在特会）メンバーらが起こした京都朝鮮学校襲撃事件がある（二〇一三年一〇月七日）。京都地方裁判所は、在日朝鮮人に対する差別をあおるヘイトスピーチに「人種差別にあたり違法」だとする判決を言い渡し、損害賠償を認定した。

（注3）いささか余談だが、大学生たちとのやりとりの中で「ハゲ・デブ・チビ」など人（大人と想定）を蔑視する表現があるが、これらを、言われた本人が傷つく度合いやダメージを考えずに、差別的で悪質な順番で並べるとどうなるかという議論をしたことがある。やりとりの後に導かれた順位は「チビ→ハゲ→デブ」であった。デブはダイエットや運動などによって「改善」出来る可能性が高い。ハゲは相応の努力によって何とか出来る可能性が残されている、チビは自分では変更不可能な身体的属性なので、蔑称としてはチビが一番ヘイトスピーチに近い要素を持つのではないかというものであった。

（注4）新大久保などで行われたヘイトデモやその後に行われた「お散歩」と称された商店街への嫌がらせ行為を阻止するた

めに結成された。「彼らはとても誤解されていて、あちらが暴力なら、こちらも暴力というイメージで見られがちです。しかし実は、矢面に立っている在日コリアンの人たちから在特会の敵意を自分たちに向けさせ、新大久保を守ろうという意図をもっています」（有田芳生『ヘイトスピーチとたたかう！』岩波書店）。現在は解散しC・R・A・Cに統合された。

（注5）山口は防衛省に火炎瓶を投げ込む事件を起こし逮捕された経歴がある。「親がどんなに素晴らしくても、凶悪犯罪者は出てきてしまう。逆もしかり。すさんだ荒れた家庭で育っても、立派に社会で通用している人を数多く俺は知っている。犯罪者になってしまったのは、何かのきっかけで誰もが持っている導火線に火がついてしまったり、たまたま運が悪かったケースがほとんどだろう」と述べ、自身がそうであるように、人はどちらにでも向かう可能性があることを示唆している。（参考・山口祐二郎『ハイリスク・ノーリターン』第三書館）

（注6）在特会などによる排外デモに対して、「非暴力・超圧力」を掲げ、抗議活動（カウンター）などを行っている団体。http://otokogumi.org/wp/（二〇一四年二月一五日確認）

（注7）在特会会長・桜井誠氏。

（注8）野間易通は「デモ隊もしばき隊も、どっちもどっちだなという印象を受けます」という新聞記者の問いに対して「彼らも僕らも普通の市民。日本社会の多数派、マジョリティです。それが罵倒し合う光景だけ見れば、確かに『どっちもどっち』です。だが、そこで見落とされているのは、彼らが社会の少数派、マイノリティを攻撃しており、僕らがそれに反対しているということ。民族差別を楽しむ人と、それに怒っている人のどちらに正義があるか。それは明らかでしょう」そして「しばき隊も在特会も『両方とも消えればいい』とか言う人がよくいるが、実はその通り。僕らの目的は組織の維持ではなく、彼らのヘイトスピーチをやめさせること。騒ぎがエスカレートして、どっちも警察につぶされたとしても、街頭でのヘイトがなくなるならそれでいい」という発言をしている。（朝日新聞　二〇一三年八月一〇日）

（注9）在日米軍は、見かけの数ではマイノリティ（少数派）だが、権力関係においては特権的地位を付与されており、日本社会の中では「強者」の立場にいる。

（注10）二〇一四年九月、在特会関係者T氏が排外デモに参加するのを止めようとして、トラブルになった事件。高橋氏も頭

部を殴打され負傷。その直後T氏に暴行し怪我を負わせた。高橋氏は二〇一八年病気で急逝。その死を悼む人は多い。

（注11）http://antiracism.jp/what_is_racism（二〇一四年二月一五日確認）

（注12）http://synodos.jp/society/5846（二〇一四年二月一五日確認）

（注13）No pasaran 一九三六年。ファシスト党フランコ反乱軍に対するラジオでの呼びかけ。これ以来ファシズムへの抵抗運動の合言葉となる。以来、世界各国から誰に頼まれたわけでもないのに、自発的に理想を求めて若者が義勇軍としてスペインに集まる。今から67年前の話である。（「DAILY FREINET デイリーフレネ」より）

（注14）ヨーロッパで極右勢力の台頭に抵抗する社会運動のひとつ。アンチファシズム（またはアンチファシスト）の略称。ヨーロッパでは移民問題などから「ネオナチ」などの極右勢力が力を持つことがあるが、市民によるカウンター（抗議活動）もまた盛んであり、ヘイトスピーチ規制法を持つ国も少なくない。公共秩序法（イギリス）や人種差別法（フランス）、あるいは刑法（ドイツ、スイスなど）に、ヘイトスピーチを規制する条項をおいている。また、ロシアでは、憲法29条2項で「社会的地位、人種、民族または宗教に対する憎悪および敵意を刺激する宣伝又は煽動は、これを禁止する。社会的地位、人種、民族、宗教または言語の優越についての宣伝は、これを禁止する」として、ヘイトスピーチを禁止している。また、第二次世界大戦後のドイツでは、学問的な理由を除き、ハーケンクロイツなどのナチスのシンボルを公共の場で展示・使用すると、民衆扇動罪で処罰されることは有名である。

（注15）石原慎太郎の言動録―この危険な政治家を監視する http://www.geocities.jp/social792/isihara/isihara_kansi.html（二〇一四年二月一五日確認）

（注16）人が政治的共同体、特に国家に帰属していると感じ、帰属しようと志向する感情、あるいは、人が帰属する対象として、他のものより国家を優先させるイデオロギーや運動。（坂本義和東京大学名誉教授／中村研一北海道大学教授）

（注17）インターネットの「ネット」と「右翼」を合わせた造語。2ちゃんねるなどの掲示板やブログなど、ネット上で、右翼的な言動を展開する人々のこと。「ネット右翼」とも呼ばれる。広辞苑によると右翼とは、保守派、国粋主義、ファシズムといった立場をとる人、または団体を指すが、「ネトウヨ」は、これらの主義主張を唱える人だけに留まらず、自分自身の思想に反するネット上の意見に対し、攻撃的なコメントを展開する人々全般を含むことが多い。例えば、特定の国や人種に対する差別的発言を繰り返したり、新聞社の社説や記事、テレビ局の放送内容に対する批判などを

過激に、または誹謗《ひぼう》中傷、侮蔑的表現として、掲示板やブログに投稿したりする人々が「ネトウヨ」と呼ばれる。しかし、「ネトウヨ」についての明確な定義はない。（参考『知恵蔵２０１４』朝日新聞社）

（注18）大阪市の例で考えれば分かりやすい。次々と住民の福祉を破壊し、他者を攻撃し、格差を拡大する橋下氏に見かけ上の支持が集まる現状は、逆立ちしたリーダー像を多くの人が持っていることに由来している。

（注19）二〇一二年。石原慎太郎都知事の「購入発言」に端を発した尖閣諸島国有化問題。

（注20）一九九六年に結成された日本の社会運動団体。従来の歴史教科書が「自虐史観」の影響を強く受けているとして、新たな歴史教科書をつくる運動を進めるとしている。教科書採択をめぐる様々な運動に精力的に関わっている。

（注21）道義的に職業・性別・文化・人種・民族・宗教・ハンディキャップ・年齢・婚姻状況などに基づく差別・偏見を防ぐ目的の表現、およびその概念を指す。

（注22）既存の社会に対して、逃避的嘲笑的な態度をとる。ネトウヨと呼ばれる人たちが、平和主義を唱える人たちに対して「脳内お花畑」や、反原発派に対して「放射脳」などと揶揄することと同義。

（注23）被支配者あるいは弱者が、支配者や強者への憎悪やねたみを内心にため込んでいること。「うさを晴らす」「せいせいしたい」といった感情に結びつきやすい。

（注24）フランスの政党支持率：反資本主義新党〈トロツキスト政党〉４％（6・1％）左翼連合〈左翼党と共産党〉９％（6・5％）社会党16％（16・3％）緑の党9％（16・3％）MoDem〈中道〉12％（8・5％）国民運動連合〈右派〉22％（27・9％）国民戦線〈極右〉20％（6・4％）他の政党8％（12・3％）無回答21％（10・6％）。※（）は二〇〇九年（フィガロ紙二〇一四年二月一五日付）

（注25）心理学では「好意（悪意）の返報性」と呼ばれている。

（注26）心的外傷後ストレス障害（Posttraumatic stress disorder：PTSD）危うく死ぬまたは重症を負うような出来事の後に起こる、心に加えられた衝撃的な傷が元となる、様々なストレス障害を引き起こす疾患。

（注27）「朝鮮進駐軍の正体」http://www35.atwiki.jp/kolia/pages/1080.html（二〇一四年二月一五日確認）

（注28）ネット上の特定のブログに大量のアクセスや反論コメントが集中したり、そのためにそのブログを管理するサーバーコンピューターの動きが遅くなったり、パンクして動かなくなったりすることを比喩的に呼ぶ言葉。自然発生的に起

こるものもあるが、誰かが別の掲示板などで呼びかけることで人為的に引き起こされるものが多い。不特定の読者がコメントを残せるブログ（SNSやニュースサイト、掲示板なども含む）では、常に炎上する可能性があるが、そこでの書き込みというよりはむしろ、著名人のテレビ・ラジオ・新聞・雑誌などというようなマスコミでの発言や行動に対応する形で誘発されることが多い。（参考『知恵蔵２０１４』朝日新聞社）

（注29）この件は法律上、不正受給要件にはあたらない。

（注30）当時、自民党国会議員の片山さつき氏が週刊誌報道を国会で取り上げたことが発端になった。

（注31）これは何もネトウヨと呼ばれる人たちだけではなく、ネット社会一般にみられる現象である。

（注32）カルト宗教には必ずといっていいほど絶対化されたカリスマ指導者が存在している。

（注33）朝鮮人暴動の流言がひろがると、各地では青年団・在郷軍人会・消防組などを中心に自警団がつくられ、女子供をまとめて避難させるとともに、朝鮮人をかりたてては迫害を加えた。戒厳令による軍隊の出動は、ただでさえ気のすさんだ罹災地付近の人びとのあいだに、いっそう血なまぐさい殺気をもちこんだ。刀や竹槍・棍棒・鳶口（とびぐち）・鎌などで武装した自警団は、要所要所に検問所をつくって通行人を訊問した。顔つきが朝鮮人らしいとか、言葉が不明瞭だとかであやしいとなると、半死半生の目にあわせて警察につきだしたり、残虐な方法で殺害したりした。演劇好きの学生伊藤圀夫（くにお）も、二日の晩、千駄ガ谷（せんだがや）の自宅付近を警戒中、朝鮮人とまちがえられてこづかれたが、顔見知りの酒屋の若い衆が来合わせたのであやうく助かった。センダガヤのコレヤン（朝鮮人）、これが千田是也の藝名の由来である。http://www.asyura2.com/09/reki02/msg/707.html（二〇一四年三月一二日確認）

（注34）心の中に溜まっていた澱（おり）のような感情や欲求不満が解放され、気持ちが浄化されること。

（注35）「思想界の最右翼～大江戸回帰派～侍蟻」http://blog.livedoor.jp/samuraiari/（二〇一四年二月一五日確認）

（注36）古谷経衡はネトウヨの層を次のように分析している。年齢は平均38・15歳。学歴に関しては63・3%が「四大卒（中退含む）」以上で、年収もだいたい平均４００万円台後半と同年代の平均をやや越え、恋愛経験も自己申告ですがほぼ一般的なレベル。住んでいる場所は4割が首都圏。こうして見ると、「大都市に住むミドルクラス」というのが、ネット右翼と呼ばれる層の実相ということになる。（古谷経衡『ネット右翼の逆襲「嫌韓」思想と新保守論』総和社、

二〇一三年）

（注37）とはいうものの、「ジェラシー」は否定面だけではなく、それによって自分を高め、よりよく生きていくエネルギーになるという側面もある。

（注38）たとえば、日本は「子供の相対的貧困率」14・9％で、OECD加盟31か国中22位（下から10番目）となった。（二〇一三年　国連児童基金ユニセフ調査）

（注39）ドイツ：85～90％　英国：87％　日本：19・7％（二〇〇九年）http://blog.goo.ne.jp/hardsix/e/22afd2a8a60b75ae23f9d8294d8189c6（二〇一四年二月一五日確認）

（注40）パウロ・フレイレ著『被抑圧者の教育学』（亜紀書房）

（注41）二〇一二年には非正規比率が男22・1％、女57・5％と男女とも過去最高を更新している。（総務省「就業構造基本調査」）特に、15～24歳男の非正規比率の上昇が目立っている。男女とも15～24歳の若者の非正規比率が急激に高まっており、いわゆるフリーターの増加を裏づけるものとなっている。そればかりか、就業した先がブラック企業であることも少なくない。

（注42）大半が匿名による投稿で構成されるインターネット上の巨大掲示板。

（注43）この場合の自己責任は文字どおり親が子どもの行動に責任を持つ、という意味である。

（注44）http://www.quon.asia/yomimono/business/global/2013/05/01/4094.php（二〇一四年二月一五日確認）

第Ⅱ章

「道徳」教育のこれまでとこれから

――いじめ・レイシズムに対抗するために

「武器」としての教育――マンデラの言葉

憎悪のベクトルを、自分を奮い立たせ、社会を変革する希望のベクトルへ反転していくために必要なことは何か。その答えの一つを示したのはネルソン・マンデラである。

教育とは、世界を変えるために用いることができる、最も強力な武器である
Education is the most powerful weapon which you can use to change the world.

二十七年間に及ぶ獄中生活から、南アフリカ共和国のリーダーとしてアパルトヘイトの撤廃に一生を捧げた彼の言葉(注1)は重い。「教育」がこの世にある差別や憎悪を克服する最も有効な手立てであると解釈しよう。「レイシズムの克服は教育の成果に待つべきものである」と言い換えることも出来る。

とは言うものの、実際にいじめやヘイトスピーチによって心身に傷を負っている人たちがいる以上、私たちは教育の成果が実る「その日 (some day)」まで傍観しているわけにはいかない。いじめ問題に取り組み、何よりもいじめられている子を守り励ますこと、ヘイトデモを止めさせること。それぞれの人がそれぞれのやり方で喫緊にやるべきことはたくさんある。

路上に出て抗議活動をすること、ネットや出版物で対抗言論を起こすことも必要だろう。条例な

どを整備し、ヘイトデモなどに公的制限をかけること、さらに踏み込んで言えば、ヘイトスピーチ規制法などの立法措置の是非についても議論を深めてもいいだろう。

しかしこれらは、いわば鎮痛剤である。痛みは和らぐかもしれないが、それは一過性のものであり、病気の根本原因に働きかけるものではない。とりわけ、ヘイトスピーチ規制法は言論表現の自由を萎縮《いしゅく》させ、恣意的な濫用に至る危険性が非常に高い。（そもそもヘイトスピーチはその定義が難しく、広義に拡大解釈される危険性が高い。権力によって濫用される危うさと市民同士による「相互監視の密告社会」に転化する問題を内包している）

大概の場合、そうした鎮痛剤には副作用が強く表れる。教育現場で言えば、いじめを警察に通報する制度[（注2）]なども取りざたされているが、それもまた鎮痛剤に過ぎず、根本的な解決にはなりえない。いや正確には鎮痛剤にすらならない可能性がある。

教育はレイシズムのワクチン

「子どもは社会の鏡」と言われるように、教室で起きるトラブルのほとんどは、社会の縮図である。紛争と対立が社会にある限り、子どもの世界にそれがなくなることはない。それらを平和的解決に導くことは急務の課題である。しかし、多くの教師の本音は「トラブルが起きないこと」にある。そればかりか、トラブルそのものが起きないようにすることを「指導」だと思っている節がある。日常的に「あなたの指導が甘いから、クラスが荒れるのだ」という眼差しにさらされている中でそれは無理からぬところでもある。

しかしここで大事なことは、トラブルは「当然起きうるもの」、起きないとするとそれは「集団内部に沈殿して姿を見せていないだけ」という姿勢だ。

そういう意味で言えば「イジメ撲滅」「不登校0《ゼロ》」などのスローガンは、そもそも教育的とは言えない。いじめを受け、心身に傷を負っている子どもを守り、ケアすることを第一義にするのは当然であるが、いじめは撲滅するものではなく、子どもの関係性（社会）を変えていくことで乗り越えるべき問題である。不登校に至る子どもへの指導は、その子どもに「問題」があるというとらえ方ではなく、その背景にあるものに働きかけていくことが必要であり、そもそも「彼らが来るに値する教室（学校）」を作ることと平行して行われなければならない。(注3) それらを抜きにして、撲滅やゼロを目標にすることは本末転倒である。

張由紀夫（Akira the Hustler アーティスト・反レイシスト集団C・R・A・C）は自身のフェイスブックで次のような投稿をした。

障害者に限らず、おかしな差別やヘイトを見かけたときに「おい！」と言えるのは訓練次第なんだと思う。昨年から行ける時にレイシストカウンターに参加するようになって一番の自分の変化はそこだった。弱いもののいじめしてる子供、ゲイに憎まれ口を叩く初老のおばさん、ネットで嫌韓ツイートを続ける知り合いに躊躇《ちゅうちょ》せずに「おまえおかしいだろそれ」、が言えるようになった。ほんとは学校で習えたらよかったかもね、そういうこと。ヘイトスピーチを規制するために法律に頼ってしまう前に、そんな空気をこの国にもっと拡げていけたらいいなと思ってます。（二〇一四年一月一二日、傍点筆者）

「教育はレイシズムのワクチン」（李信恵）であり、根本に働きかけることが出来る有効な手段である。しかし、正確にはワクチンというまでの即効性はなく、効果をもたらすには一定のまたは長い時間を必要とする。であるとしても、私たちは暗闇（ダークサイド）に向いているベクトルを希望へと反転させるために教育という「武器」を使わなければならない。それに必要な思想やスキルとはどういうものなのだろうか。

地球市民のための道徳教育

いじめやレイシズムに対抗するための鍵は「道徳教育」にある。そもそも道徳性を育むことは学校教育のあらゆる分野で追求されなければならないものである。そして、ここで言う「道徳」は平和と民主主義を基調としたものになる。多様性を保障し、寛容、共生を基盤とする「地球市民」としての人権教育(注4)または平和教育と言ってもいいだろう。

「地球市民」という概念は環境問題の深刻化や核戦争の危機などを背景に一九七〇年代から生ま

れた。これは、民族や人種といった属性や国家という枠組みにとらわれることなく、誰もがこの地球に生きる一人の人間であるという視点で、問題解決に取り組み、行動する主体を指す言葉である。反原発に代表される環境運動や平和運動などのうねりは、こういった概念から生み出されてきた。(注5)とはいうものの、シンク・グローバリー、アクト・ローカリー(Think Globally Act Locally)「地球規模で考え、足元から行動せよ」という言葉があるように、意識は地球であっても実際の行動はローカルに根を持つことになる。この場合のローカルは、生活を営む身近な地域(コミュニティ)であり、子どもたちの過ごす教室と言い換えることも出来る。私たちが目指すべき道徳の方向はここにある。しかしながら、これとはまったく違う装いを持つ支配としての「道徳教育」が進められようとしている。

推進される愛国心教育

二〇〇六年、第一次安倍内閣において教育基本法は「改正」され、第二条「教育の目標」にいわゆる「愛国心」条項が加えられた。二〇一三年、第二次内閣発足後に安倍総理は「(改正教育基本法には)愛国心、郷土愛も書いたが、残念ながら検定基準においては、この改正教育基本法の精神が生かされていなかったと思う」と述べ、教科書検定制度を見直す考えも示した。(注6)

「道徳の教科化」は、そのような流れの中で立ち上げられた。いじめや不登校など、教育現場に山積する課題は多く、それらの解決に向けて道徳を教科に格上げするというもっともらしい理由が付けられているものの、中心になっている徳目は「愛国心」である。

人は誰しも生まれ育った国、故郷、コミュニティに愛着を持つ。特別な理由がない限りそれを嫌う人はいないだろうし、好きになれない人がいたとしても責められるべきものでもない。一人一人の心の問題であるはずの「国や郷土を愛する心」を強制すること自体におかしさがある。つまり、政府が進めようとしている愛国心教育は「もの言わぬ国民の育成、国家に忠誠を尽くす国民の教育(注7)」の一環と言っていいだろう。

それは先に述べた「地球市民」としての道徳と真逆である。この「愛国心」は民族や人種といった属性や国家という枠組みを第一義にする偏狭なナショナリズムと容易にリンクする。そればかりか国家間の軍事的対立に結びつきやすい性質を合わせ持つ。結果として、排外主義に勢いをつけ、レイシズムの温床にもなっていく。

イギリスの哲学者バートランド・ラッセルは「愛国者に満ちあふれた世界は、紛争に満ちた世界になるだろう」という言葉を残した(注8)。ナチスの指導者として第二次世界大戦の軍事戦略を指揮し、ヒトラーの後継者と呼ばれたヘルマン・ゲーリングの証言はラッセルの言葉を皮肉にも証明する。

「国民は戦争を望まない。しかし決めるのは指導者で、国民を引きずり込むのは実に簡単だ。外国に攻撃されつつあると言えばよい。それでも戦争に反対する者を、愛国心がないと批判すればいい」（ヘルマン・ゲーリング、ニュールンベルグ国際軍事裁判における証言）【二〇一三年一二月一四日

東京新聞デスクメモ】

そして、愛国心を強制する国家に強烈な抵抗の意志を示した言葉が、いまリアリティを持って思い出されるのだ。

私は祖国を愛している。だが、祖国を愛せと言われたら、私は遠慮なく祖国から出てゆく。

（チャーリー・チャップリン）

人材育成のための「教育」

「世界で一番企業が活躍しやすい国」（安倍首相の国会施政方針演説、二〇一三年二月二八日）。財界の意向を丸ごと受けたこの言葉はすでに教育の目的として具現化されつつある。教育は国際競争を勝ち抜くための人材の育成が主となり、そのための知識技能と交渉力の向上が優先される。この流れは今に始まったものではなく、すでに日経連（日本経営者団体連盟）は、一九九五年に「国際社会に通じる人材の育成」が急務であると主張している。

わが国の経済力は高まり、国際社会の中で協調を図りながら行動していくためには、語学力はいうに及ばず、各国の歴史、国土等に通じるとともに、日本人としてのしっかりした価値観と歴史観をもち、国際社会に通じる人格と教養を兼ね備え、豊かな感性を磨くことが重要である。（新・日本的経営システム等研究プロジェクト編著『新時代の「日本的経営」』日本経営者団体連盟、一九九五年）

教育再生実行会議(注9)は、小学校での英語早期教育などの具体的施策を掲げ、国際的に活躍できる人材育成と大学改革などに関する提言(注10)をまとめた。そしてこれらの目的に合致しない「能力の劣った」子どもは、労働市場を下から支える存在として位置づけられる。かくして経済的格差はますます進行し、中流層がいなくなる底が抜けたような社会が出来上がるが、それには異論をはさまずに国家の方針に従順に生きる国民が多数を占める。それが彼らの構想する「美しい国(注11)」の実像であり、その文脈の中で「愛国心」が使われる。それを強化する役割を持つのが次に述べる自己責任論である。

自己責任論の広がり

第Ⅰ章の「寛容なき社会」でも触れた自己責任論は、無制限とも言える市場の自由化と競争原理を徹底する新自由主義政策(注12)から生み出されている。ものごとの成功や失敗はすべて自分の能力と努力の結果であり、それについての責任は自分で負うことが強調される。新自由主義が強まる社会では、失業やリストラも個人の能力不足、努力不足と断定される。ホームレスの人たちや生活保護受給者に向けられる冷たい眼差しの正体はこれである。国は、個人の貧困に対しての責任を果たす必要はないとされ、「小さな政府」の名の下に社会保障予算と公的福祉分野は極限まで切り下げられることになる(注13)。

ＴＢＳラジオＤｉｇ「タレントの親の生活保護受給が国政レベルの問題に!?　生活保護における扶養義務とは何なのか？」で紹介された生活保護受給者リスナーの投稿を見てみよう。

> 会社が倒産してから80社ぐらい（採用試験を）受けたのですが、私がいたらないばかりに不採用が続き今年の2月にとうとう生活破綻してしまい生活保護を受給しています。先週末からテレビ、ラジオ、新聞、ＳＮＳ（ソーシャルネットワークサービス）などで私たち生活保護受給者は叩かれています。本当に辛く、生活保護を辞退して餓死したいぐらいです。きょうも不採用通知が届きました。餓死した方がいいのかな。（二〇一二年五月三〇日放送）※傍点筆者

人としての尊厳を剥奪する凄まじい社会的な力が働いていることが分かる。最低限、自分の言動や生活に責任を持つことを求められるのが「大人」である。失敗の原因を他者にだけ求め、何もかも責任を転嫁する態度は正しいとは言えない。しかし日本社会を覆い尽くそうとしている「自己責任論」はそのようなものではない。それは支配としての「自己責任論」なのである。

日本型自己責任論は深刻な問題をこの社会に産み落としている。競争と自己責任の論理は、

教育現場にも深く入り込み、成果主義を産み落とし数値管理や実績（評価）主義と深く結びつき「出来ない自分が悪いんだ」「いじめられる自分がダメなんだ」という風潮を生み出し教師と子どもたちを苦しめている。（渡辺雅之『基調提案二〇一三　楽しく教師を続けるために～教育の「希望」を問う～』埼玉県生活指導研究協議会研究紀要）

いまだに「貧困は自己責任である」という風潮は強い。確かに自己責任の側面もないとは言い切れないが、親のネグレクトや借金問題などによって貧困に直面する子どもたちに限っては、それは当てはまらないだろう。三つのバイトを掛け持ちし、公衆トイレで眠りながら定時制高校に通う少女に「それは、あなた自身の責任です」とは言えない。そして、満足な教育を受けることができない彼らの大部分は、おそらく数年後に、ワーキングプアとして労働市場に送り込まれるのだ。豊かな日本の裏側で、子どもたちは逃れることのできない連鎖に蝕まれている。（保坂渉『ルポ子どもの貧困連鎖　教育現場のＳＯＳを追って』光文社）

支配としての自己責任論は、すでに若い世代の生き方に暗い影を落とし、教室内外の子どもたちに投影されている。「いじめられるのはオマエが悪いからだ」という言説はそのひとつであり、死に追い込まれた子どもの残した「本当に迷惑ばかりかけてしまったね。これでお荷物が減るからね」という悲しい証言（注14）がそれを物語る。

修身という「道徳」教育

それにしても、「愛国心」がここまで強調されるのはなぜだろうか。「愛国心」の原型は戦前の教育勅語にあり、学校においては「修身」の中で具現化されていた。天皇制を国家体制とした軍国主義教育は、「天皇の赤子《せきし》として、命を投げ出すこと」が理想の生き方とされた。

一方で侵略政策を拡大し、占領した土地では日本国民としての教育を受けさせる「皇民化政策」が徹底された。「日の丸」「君が代」や皇居の方角を向いて毎朝拝む「宮城遙拝《きゅうじょうようはい》」などが海外の住民にも強要された歴史の痕跡を消し去ることはできない。国内においても私の九〇歳になる父が、いまだに歴代の天皇の名前をそらんじることが出来るのは、当時の教育の「成果」なのである。

その中核になったのが「修身」であり、根幹にあった徳目が「忠君愛国＝国家に忠誠を尽くし死もいとわない国民」であった。安倍首相を始めとして歴代の総理大臣や「日本会議」に所属する政治家などが、国内外の批判を無視して靖国神社を参拝したことは、これと密接に関係している。(注15)

ジャーナリストの志葉玲は自身のブログ(注16)の中で「個人の自由や尊厳を否定し命すら投げ捨てることを求めるカルト教団のような国策の正に要であったのが靖国神社である。(略)日本の首相が靖国神社に参拝にいくということは、先の大戦で殺されたアジアの人々の魂を愚弄《ぐろう》するだけでなく、かつての様な軍国主義の下ではなく、平和で自由に暮らしたいという、私達日本の国民の素朴な願いに対する冒瀆《ぼうとく》でもあるのだ」と厳しく批判している。

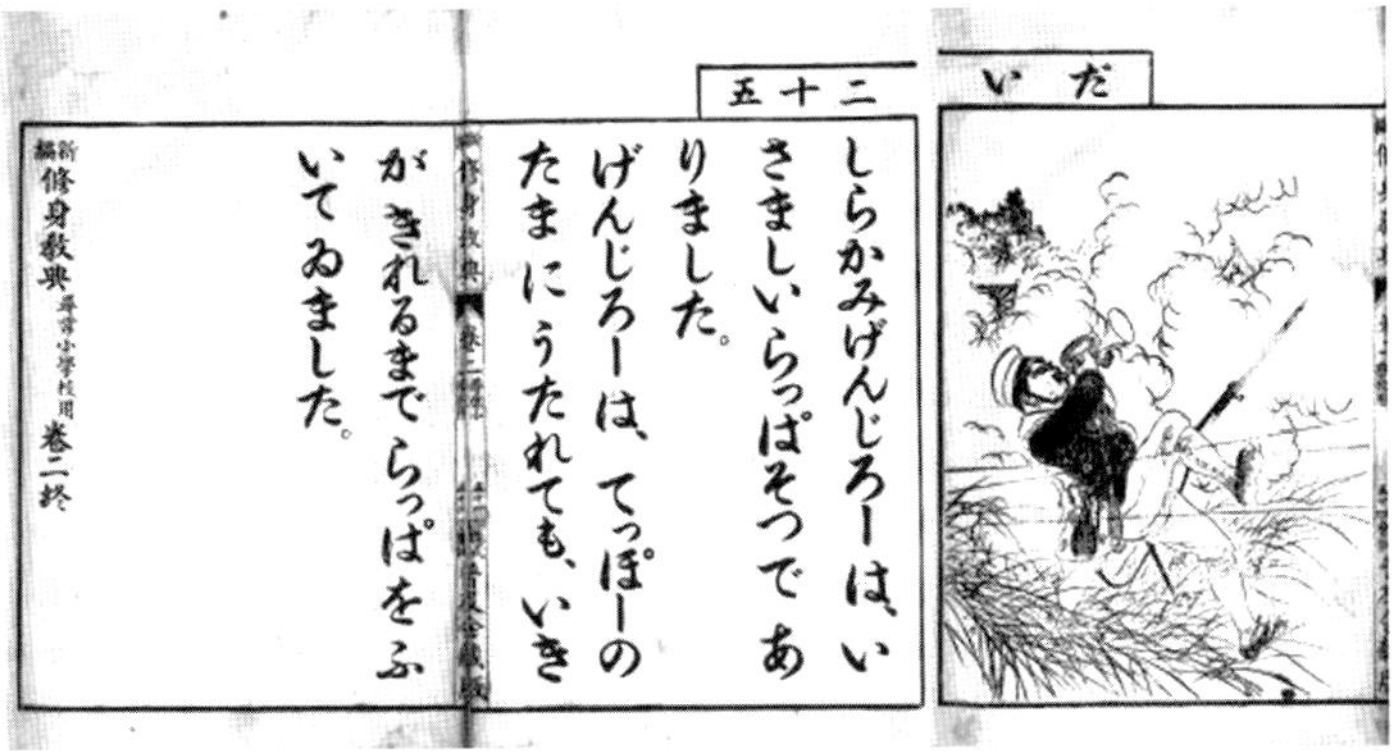
だい二十五

しらかみげんじろーは、いさましいらっぱそつでありました。
げんじろーは、てっぽーのたまにうたれても、いきがきれるまでらっぱをふいてゐました。

新編修身教典 尋常小学校用 巻二終

「修身」の教科書に掲載された『白神源次郎』

それに対して、中韓との国交断絶、外国人追放などの排外主義を叫ぶ人たちが諸手を挙げて靖国参拝を支持し、中韓の批判に対して激しい不快感を表明したのは半ば必然的なことと言えよう。

上の図は、美談の主人公とされた『白神源次郎』のものである。日露戦争の激戦の最中において進軍ラッパを吹奏。敵弾が胸部を貫き、血でそまったのに決してひるまず、ラッパを吹き続けた。遂に息絶えてもなおかつ、そのラッパを口から離さなかった。そのラッパに鼓舞されていた日本軍は勇敢な戦いをつづけ、その戦で圧倒的な勝利を勝ち取ったとされている。（国定教科書「修身」より）

ラッパ兵の名は当初、白神源次郎とされていたが、一九〇四年からの第一期国定修身教科書では木口小平とされ、「アトデミタラ、コヘイハ、ラッパヲクチニアテタママデ、シンデヰマシタ」と賞賛された。のち一九一〇年以後の第二期国定教科書では「キグチコヘイハ、ラッパヲクチニアテタママシニマシタ」とされ、一九一八年以後の第三期国定教科書からは「キグチコヘイハ、シンデモラッパヲクチカラハナシマセンデシタ」と書き替えられた。西川宏氏（歴史研究者）によると、最初に美談が作られ、あとから白神・木口の名があてはめられたという。実際には白神でも木口でもなかったようだ。時の権力によって「美談」が仕立て上げられていく構造がよく分かる。(注17)

また、私たちは戦前の教育が常に有無を言わせない徳目注入型で行われた事実に注目しなければならない。年老いた父はいまだに言う。「教育勅語を覚えなければ、いつも待っていたのは教師の鉄拳制裁だった」と。道徳心というのはそもそも人の内面に芽生えていくべきものであり、外側から強制的に注入されるものではない。

教科などによって、外側から強制的に徳目を注入される「道徳」は、国家社会への忠誠心を形成する「第二の修身」であり、不十分ながらも営々と受け継がれてきた民主主義教育を根本から変質させる役割を持つ。それは安倍晋三氏が主張した「戦後レジームの転換」の教育版であり、前時代的な軍事国家を復権させる目的を持った（揶揄《やゆ》的《てき》に言えば）「手口」(注18)だと言わざるをえない。

徳目注入と特設道徳

こうした動きは道徳の教科化によって具現化されようとしているが、いま突然始まったというわけではない。旧文部省が、小・中学校の教育課程の一領域としての「道徳の時間」を特設したのは一九五八年。そこから文科省が中心になって推進してきた道徳教育は徳目を注入することを主題としてきたのである。(注19)中学二年道徳の時間に使用されている副読本の中にある「釣りざおの思い出」という教材を見てみよう。

釣りが大好きだった主人公の少年時代の話である。

ある日憧れの釣りざおを母が買ってくれた。そのさおで釣りに出かけようとしたところ、「今日は、病気で入院しているいとこの正ちゃんの見舞いに行かないか」と父に持ちかけられる。しかし新しいさおでどうしても釣りに行きたかった主人公は母のとりなしで「五時半までにはきっと帰るよ」と気軽に帰宅時間を約束し、釣りに出かける。その日は思いがけないほどの大漁で、少年は一日中釣りに夢中になる。途中で約束の時間に気付いたが、結局「最後の一匹が釣れるまで」と、釣りを続けてしまう。家に帰ってその釣果を母に見せようとしたが、母はその場で釣りざおを折り始めてしまった。「約束を守れない子に、このさおを持つ資格はないわ。それに、病院から知らせがあって、さっき正ちゃんが息をひきとったのよ。」という母の目には、涙が光っていた。（出典：学習指導要領準拠「かけがえのないきみだから〜中学二年」学研）

教師用指導書を元にして作成され、各学校に配布されている指導プランは次のようなものである。

（参考事例　山梨県総合教育センター指導プラン[注20]）

一　主題名「約束や時間を守る」節度・節制

二　資料名「釣りざおの思い出」

三　資料について

釣りの途中、約束の時間が過ぎたことに気付いたが、どうしようかと思いながらも主人公のとった行動を中心に考えさせ、約束や時間を守ることの大切さを考えさせたい。

四　本時のねらい

自分本位の考えで時間を守らなかった主人公の行動を通し、時間や約束を守ること、軽はずみな行動をとらないこと等の大切さを理解し、節度ある生活を送ろうとする態度を育てる。

五　授業展開

（発問）あこがれの釣りざおを買ってもらったときの「わたし」の気持ちはどんなだろうか。

（発問）約束の時間を過ぎても、「最後の1匹を…」とうきを見つめる「わたし」は、どんな気持ちだったろうか。

（発問）涙ながらに釣りざおを折り始めた母を見て、「わたし」はどんな思いになっただろうか。

（発問）この思い出は、その後の「わたし」の生き方に、どんなことを教えてくれたのだろうか。また、それはなぜ大切なのか。

（生徒の反応）母親への感謝の気持ちも忘れるほど有頂天になっていることに気付いている。

（発問）母が釣りざおを買ってくれたとわかったとき、主人公はどんな気持ちになったでしょうか。

（指示）小集団討議は行わず、何人かの生徒に聞いてみる。

（生徒の反応）周囲の人のことは何も考えず、自分の気持ちをすべてに優先させていることに気付いている。

（指示）釣り以外のことは何も考えられなくなっている主人公に気付かせる。

（発問）釣りに出かけるとき、主人公はどんな気持ちだったでしょうか。

（指示）もう少し釣りをしたいという気持ちと、早く帰らなければという両方の気持ちがあることに気付いている自己内葛藤に気付かせる。

（発問）約束の時間が過ぎていることに気付いた主人公は、どんな気持ちだったでしょうか。

六　本時の評価

これからの生活において、時間や約束を守ったり軽はずみな行動をとったりしないなど、節度・節制のある生活を送ろうとしている（※傍点筆者）。

七　教師のまとめと視点

・生徒が学習した価値について考えを深め、実践していこうとしているか。
・他の人の意見を聞き、より自分の考えを深めていくよう留意させる。
・様々な意見を大切にし、釣りを他の行為に置き換えて考えさせたり、今後の生活に生かせるよう話をする。
・時間が過ぎていたにもかかわらず「最後の一匹を釣ったら…」と思った主人公の気持ち

を考えさせ、期待する姿が見られなかった場合は「どうせ、急いで帰っても…」という思いを再度考えさせる。

・小集団討議を行うが、様々な意見、理由がたくさん出るようにする。

・結局自分の欲望に負けてしまったことに気付かせる。

・思い悩む気持ち、自分の欲望を優先させたことなどに基づいた意見になっていると良い。

この指導プランには、何重もの問題がある。まずは、この「お話」のテーマ（主題）が「約束や時間を守る　節度・節制」でいいのかという点である。二つ目は、（教師が読み取り、指定した）テーマがそのようなものであったとしても、それを学習者（子ども）に一方的に押しつける形になっていることである。三点目はそのような学習スタイルの中では、学習者は異論（教師の意図と異なる考えや意見）を出すことを自粛せざるをえなく、それは「学び」とは到底言えないということである。最後に、このような徳目設定↓注入型の授業では決して本来の意味での「道徳心」は育たないという問題である。

主人公の気持ちに寄り添って考えさせるという形をとりながらも、結局は「期待する姿が見られなかった場合は『どうせ、急いで帰っても…』という思いを再度考えさせる」。小集団討議を行い、様々な意見、理由がたくさん出るようにするというが、「結局自分の欲望に負けてしまったことに気付かせる」という指導展開は、道徳心（徳目）を外側から強制または注入するものに過ぎない。

私の接する大学生の多くは、小中学校で行われた道徳の授業が嫌いである。その理由を聞いてみると「あらかじめ決まっている、分かっている答えを言うだけのものだから」というものが多い。

私は、小学生や中学生の時に使われていた道徳の教科書は、とてもつまらないと同時に何か気持ち悪いものを感じていました。きっとそれは子どもなりに「この話にそった生き方をしろ」といったねらいや徳目が押しつけられていることを感じ取っていたからだと思います。当時の自分が持っていた気持ち悪さの正体はそれでした。（田島藍「生徒指導・進路指導の理論」コメント・立教大学一年）

道徳が教科となれば、当然評価が必要となる。当初、文科省は数値化の方向で考えていたようだが、「心の問題は数値化されない、すべきではない」という世論の反発にあって記述式に変えることを検討しているが、それとて問題の本質はなにも変わらない。

結局のところ、「教師の意図した答えに素直に導かれること」で評価が下されるとするならば、「釣りに夢中になった主人公は悪くないし、間違ってもいない。むしろ一つのことに我を忘れるくらい熱中できる趣味を持つことは素晴らしいことではないか。反省すべきは、緊急事態であることを伝えなかった父母のほうではないか」などと主張することは出来ない。なぜなら、自分の未来（ステータス）に影響を及ぼす評価をする教師のうしろには強大な国家がいるからである。田島はそれを「気持ち悪さの正体」だと述べたのだろう。

道徳の教科化よりも必要なこと

道徳教育が専門の藤田昌士（元立教大学教授）は、道徳の教科化を次のように厳しく批判している。

いじめの防止策として道徳教育の強化が言われています。これまでもいじめ自殺事件が起こるたびに道徳教科の強化が言われてきました。しかし解決されない。なぜなのか。道徳を育むにはそのための土壌が必要です。その一つは自尊感情です。子どもが「自分自身を捨てている」状況を放置して、道徳は育ちません。もうひとつは共同性です。子どもたちがともに生きようとすることなしに道徳は育ちません。さらに明日への希望。その反対に絶望は人を死に誘います。（中略）いじめ問題の背後には、国連・子どもの権利委員会がくりかえし日本政府に勧告してきた「過度に競争的な教育制度」があります。(注21) また、同委員会がくりかえし指摘してきた「子どもの意見の尊重」が著しく制限されている状況があります。その制度や状況が、子どもの自尊感情を傷つけ、子どもの共同性をむしばみ、明日への希望を奪っているのではありませんか。子どもたちがともに生きるための道徳を身につけることを阻み、逆に子どものうっぷんやいらだちをつのらせ、また仲間づくりや自治能力の成長を妨げているのではないでしょうか。そこを変える必要があるのに、教育再生実行会議の提言にはそういう視点は全くありません。逆に「道徳」を教科にして上から「規範意識」を押しつけよう、処罰を強めようとしています。（『いじめ問題と道徳教育』しんぶん赤旗　二〇一三年）

藤田の指摘にある「上からの規範意識の押しつけ」が、顕著なのが愛国心教育である。そしてそれは繰り返し述べてきたように「不満を言わずに、国家の定めに従って生きる人間になれ」ということとイコールである。藤井啓之は「道徳を教科化することの無意味さと弊害は、教育学のなかでは過去に何度も議論されてきており、もはや議論する必要すらないことだと考えられている」と述べている。

なぜ現在、与党・政府が、これだけ学問的には批判のある「道徳の教科化」をやってくるのか。それは、国家が道徳を独占し、テストによる評価によって脅しつつ、子どもたちに特定の考え方をすり込み、国家が示す道徳内容以外の道徳について考えさせないようにするためだろう。戦前、そうすることによって、すすんで兵隊に志願し、政府を批判する人たちを「非国民」と蔑視する人間が育っていったことを考えると、バカバカしいと笑って済ませるわけにはいかないだろう。我が子を、国家や多国籍企業のための捨て石として育てた／育てるつもりはない、と思う人たちは、道徳の教科化に強く反対していかないと、大変なことになるのではないかと思う。（『道徳の教科化は道徳の劣化を招く』藤井啓之ハイパー研究室本館）（注22）

藤井が指摘するとおり「道徳の教科化」は「道徳」の劣化を招くという根本的な問題を含んでいる。最大の問題は、道徳的に何が正しいかを決めるのが「国家」であるということだ。設定された徳目に抗し、異議を唱えることは先に述べたとおり容易ではない。

今必要なのは、道徳の教科化ではない。藤田が言うとおり、子どもの自尊感情を育む豊かな集団活動や遊びの場を提供することであり、共に「学び」時に「休息」する場の確保なのである。そのための十分な時間を教師に保証し、「子どもと共に学びあう教室と学校」をつくり出す条件を整えることが政治と行政に課せられた本来の役割なのだ。

東日本大震災の被害にあった福島の古関勝則（小学校教師）は被災によって心身ともに傷ついた子どもたちと教職員をケアした時の様子を次のように語っている。

福島県では二〇一一年三月一一日から八月までかつてないことが起こった。学校で出張や研修がなくなり、運動会や対外行事（水泳大会、陸上大会など）も中止となり、公開研究会もなくなった。そのことで学校にゆったりとした時間が流れたのである。通常は一学期というと慌ただしい毎日が続くのだが、あり得ないほどゆったりと時間が流れる。また屋外に出ることが出来ないので、室内で子どもたちと過ごす時間が増えた。時間がゆったりと流れると、「あとでね」と言うことなく、子どもの話を丁寧に聞くことが出来る。また教職員は常に多忙で追い詰められた状態からゆとりある毎日になり、自然と子どもに優しくなったのである。

私は放課後の教室で、家庭離散という悲しい生い立ちを背負い、教師に反抗を繰り返す春菜と初めてしみじみと語り合うことが出来た。

「あたしね、今まで言えなかったけど、(離婚の時) 悲しくて布団の中で毎日泣いたんだ」

「ほんでね、震災がおきたから、いつか父ちゃんが帰ってくるんでないかと思って毎日過ごしているんだ。んでも帰ってはこないけどね」

「そうだったのかい春菜ちゃん。辛かったべ。よく話してくれたね。先生あんたのことをあまりしらなくて、今まで叱ってたばかりだった。ごめんしてね」

「うん、いいよ。あたしのはなしきいてくれただけで」

「でもね、話きいててせんせは思った。あんたは誰よりも幸せになる権利があんだ」

「古関せんせ、ほんと?」

「ほんとだ。人は誰でも幸せに生きる権利をもってんだ」

うなずく春菜の目は涙で一杯だった。時間に余裕が出来た教師たちは、放課後に子どもたちの話をじっくりと聞く。それによって、子どもたちが本当に悩んでいること、困っていることを知る。私たちは子どもたちに寄り添うことの意味を改めて知った。なんと皮肉なことに、震災によって本来学校が持っているべき大切な機能を思い知らされたのである。(注23) そして『子どもたちが「おはよう」と、ただ学校にやってくるその姿がどんなに素晴らしいものだったか』を実感した。(第四六回草加・教育のつどい特別講座「震災・津波・放射能・風評被害に苦しむ福島の

学校実態」二〇一二年八月二五日）※傍点筆者

共に「学び」時に「休息」する場を作ることなく、道徳を教科化し一人一人の子どもたちに徹底して徳目を注入したところで、それは何の解決にもならない。それどころか、世界と子どもを分断し、子どもたちの人権意識を希薄にするだけだ。ましてや、いじめ告発の義務化、加害者への厳罰処分、安易な警察権力の介入などのゼロトレランス(注24)の流れは、問題の本質を闇に閉じ込め、事態の一層の深刻化を招く(注25)。

そもそも道徳性は注入されるべき性質のものではない。汐見稔幸が言うように「子ども自身が自ら葛藤を乗り越える体験を通して身に付けていく。みんな小さな不道徳をしながら、だんだん道徳的になっていく(注26)」ものなのである。

そして子どもがどんな（不道徳に見える）振る舞いをしても、「おはよう」と、ただ学校にやってくるその姿。それがどんなに素晴らしくかけがえのないものであることか。それを私たちが改めて知ることは、震災で亡くなった多くの子どもたちへのレクイエムでもある。

オオカミが来た――もうひとつの物語その（一）

ここからいくつかの道徳教材に関する事例を見ていくことにしよう。以下は戦前の「修身」教科書の一ページであるが、イソップ童話『おおかみと少年』（あるいは『羊かいの少年』）が出典となっている。今も形をかえて小学校低学年で使われている道徳教材でもある。

村はずれに住んでいる羊飼いの少年が退屈まぎれに、「オオカミが来た」とウソを言い、それに反応する大人たちの姿が面白くて度々繰り返し、本当のオオカミが来た時には誰も助けてくれずに、最後は少年（または羊）が食べられてしまう。

長女が小学二年生の時である。この話が掲載されている道徳の教科書（副読本）を持ってきた。

「修身」尋常小学校教科書（初版明治 43 年 3 月）より

その最後のページには四角い枠が描かれ、その中に長女が書いたセリフがあった。

ああ、ぼくはもうたべられてしまう。うそなんかつかなければよかったー

そこには担任の先生による大きな花丸と「大変よく出来ました」のハンコがあった。夕食のテーブルで、自慢げにそれを差し出す娘を前に私は少し考え、「よく書けたね、良かったね」

と褒めたあとにこう言った。

「ねえ、この子はさ、でもなんでウソをついたのかなあ？」

娘は目をくりくりさせ、少し考えた末にこう答えた。

「あ！　友だちがいなくてさみしかったのかも」

私「どうしてそう思ったの？」

娘「うーんとうんと。あ！　わかった。子どもはさ、そういうものじゃない。あそぶ人がいないとさみしいよ」

私「そうかあ、人はさみしい時にウソついたりすることってあるのかな」

娘「うん。そうだ。そうだと思うよ」

娘の顔がぱっと明るく輝いたあの瞬間をはっきりと覚えている。その笑顔は、今にして思えば、小学二年生なりに新しい物語を発見した喜びによるものだったのではないだろうか。

つまりこの話は、「ひとりぼっちで村のはずれに住む少年を放置し、その寂しさを理解しようともせず、食われてしまった少年を自業自得だ、ざまあみろとあざ笑う冷たい大人社会」の物語である。イソップがそれを意図していたかどうかは別にして、こう読むことは間違っているだろうか。

問われるべきは、ウソをついた子どもではなく、その心をケアすることが出来なかった大人ではないのか。その大人を「正義」とする社会がそもそもおかしいのではないか。しかし、この授業の徳目（主題となるねらい）は「ウソをついてはいけません」である。「悪いことをしたら食われて当たり前」という自己責任論を基調とする新自由主義的生き方が正義であるという意識を子どもたちに植え付ける「教育」である。

これではいじめられている子に寄り添う気持ちや、いじめをヤメろという言動〝道徳心〟は育ちようがない。それどころか、自業自得論という深い穴に子どもを突き落とす。

物語は多様な角度から読むことが出来るし、そうすべきである。それぞれの読み方の中に真に考えるべき「道徳」的なテーマがあり、それを共同で追求することが「学び」である。「学び」というのは新しい世界と新しい自分を発見し、もうひとつの物語をつくり出していく営みなのだ。そうした「学び」を通して、徳目注入ではない「市民的道徳」が子どもの中に実を結んでいくのである。

ボクのおとうさん——もうひとつの物語その（二）

「桃太郎」は誰もが知っている民話である。勇敢な桃太郎が家来を従えて、悪い鬼を退治する「めでたしめでたし」の物語。この物語をモチーフにした新聞広告が「しあわせ」をテーマに実施した「新聞広告クリエーティブコンテスト[注27]（主催・日本新聞協会）」二〇一三年度最優秀作品となった（次頁参照）。余計な説明は野暮のようにも思うが、この作品について思うところを述べてみたい。

重要なのは、物語を桃太郎の側から読むのか、鬼の側から読むのかである。視点を変えれば「平和に暮らす鬼たちの島にやってきて暴虐の限りを尽くした侵略者」が桃太郎ではないのか。この作品は「もうひとつの物語」を読むことの大事さを私たちに教えてくれている。

ボクのおとうさんは、
桃太郎というやつに殺されました。
一方的な「めでたし、めでたし」を、生まないために。
広げよう、あなたがみている世界。

新聞広告クリエーティブコンテスト2013年度最優秀賞作品「めでたし、めでたし？」山﨑博司さん、小畑茜さん（ともに博報堂）。下には小さく、〈一方的な「めでたし、めでたし」を生まないために。広げよう、あなたがみている世界〉のコピーが書かれている。

また、「桃太郎」は戦前から、(尋常)小学校で盛んに歌われていた童謡でもある。「もーもたろさん、ももたろさん。おこしにつけたきびだんご」誰もが口ずさんだことがあるだろう。しかし、歌詞の三番以降を知っている人は、今ほとんどいない。

一　桃太郎さん　桃太郎さん　お腰につけた　黍団子《きび》　一つわたしに　下さいな
二　やりましょう　やりましょう　これから鬼の　征伐《せいばつ》について行くなら　やりましょう
三　行きましょう　行きましょう　あなたについて何処までも　家来になって　行きましょう
四　そりゃ進め　そりゃ進め　一度に攻めて　攻めやぶり　つぶしてしまえ　鬼が島
五　おもしろい　おもしろい　のこらず鬼を　攻めふせて　分捕物を　えんやらや
六　ばんばんざい　ばんばんざい　お伴の犬や　猿　雉《きじ》は　勇んで車を　えんやらや

『尋常小学唱歌(一)』(作詞者は不詳、作曲者は岡野貞一、初出は一九一一年)

「軍国主義教育」が激しくなるに連れて、「桃太郎」が盛んに歌われたのは偶然ではない。日清日露戦争に始まり、日中戦争を経て、第二次世界大戦に参戦した日本は世界に冠たる軍事国家であった。大東亜共栄圏建設という「正義」の聖戦を遂行しようとした日本において桃太郎は正義の象徴であり、皇軍とされた日本軍と同一視され、それに刃向かう敵国は「悪」の象徴である鬼だったのであろう。ここにも支配としての「教育」の姿が見える。

「天使の声」――もうひとつの物語その（三）

二〇一一年三月一一日は、私たちにとって忘れることが出来ない日である。「東日本大震災」によって、二万人に及ぶ犠牲者が出た。そして二〇一四年二月現在、今なお避難生活を余儀なくされている人たちは多い。それにまつわる「物語」が道徳教材「天使の声」として取り上げられている。

遠藤未希さんは、宮城県南三陸町役場の危機管理課に勤めていた。九月には結婚式を挙げる予定で公私ともに順風満帆だったという。そんな時、東日本大震災による津波が南三陸町を襲った。防災無線の担当をしていた未希さんは、住民に津波警報をアナウンスする途中で命を落としてしまった。葬儀の会場に駆けつけた町民は口々に「あの時の女性の声で無我夢中で高台に逃げた。あの放送がなければ今ごろ自分は生きていなかっただろう」と、涙を流しながら写真に手を合わせた。

変わり果てた娘を前に両親は、無念さを押し殺しながら、「生きてほしかった。本当にご苦労様。ありがとう」とつぶやいた。

出棺の時、雨も降ってないのに、西の空にひとすじの虹が出た。未希さんの声は『天使の声』として町民の心に深く刻まれている。（出典：彩の国の道徳「心の絆」埼玉県教育委員会）

埼玉県教育委員会作成の指導案に提示されている主題名は「人間としての気高さ」であり、授業のねらいは「人間がもつ心の強さや気高さに触れ、自分に恥じない誇りある生き方をしていこうとする心情を育てる」である。主題設定の理由は次のように書かれている。

「人間には弱さや醜さを克服する強さや気高さがあることを信じて、人間として生きることに喜びを見いだすように努める」ことをねらいとしている。

人は、自分の中の弱さや甘さと常に戦っている。時として負けてしまえば、苦しいことや嫌なことから逃げ出し、自分に楽な選択をする。その結果もたらされるものは失敗や、喪失感である。しかし、人はそこで自分の弱さや甘さを克服することができるだけの強い力をもっている。克服できたときは、大きな壁を一つ乗り越え、その結果は人に大きな喜びを与える。これこそが「人間としての気高さ」であり、人間のもつすばらしい力であることを生徒が実感できるよう指導をしていきたい。また、誰もがもっている力であることを意識できるよう指導をしていきたい。

この教材と指導案を授業「生徒指導の理論（立教大学・教職課程）」の題材として取り上げた。まずは、資料をそのまま読み込んでいく。やがてグループ討論を経て学生たちから次々と疑問点と意見が出される。

・未希さんは、「自分の命を捨ててまで放送し続ける」とは思っていなかったのではないか。結果として命を落とすことになっただけで、それは作者の勝手な解釈ではないか。だからこのお話にはリアリティがない。

・「命を賭けて職務をまっとう」したことが美談だとされているが、本当にそうなのか。むしろ、自分の命を守ることを優先すべきなのではないか。本当の勇気とは何なのか。

・この指導案は未希さんの勇敢な行動を真似しなさいとしか読めない。それはかつて「国のためなら命を捨てなさい」という教育とどこが違うのか。

・上から目線の指導プラン。ここには教える教師の人間らしさが感じられない。

・変わり果てた娘を前に両親は、無念さを押し殺しながら「生きていてほしかった…本当にご苦労様…ありがとう」とつぶやいた。という記述は本当なのだろうか。本当だとしても、そう言うしかなかった両親の悲しみよりも、ありがとうと書いてあることで、命を犠牲にした「素晴らしさ」が強調されてはいないか。

・「国を守るため」にという名目をもたされ特攻で突っ込んだ若者を軍神とした戦前と同じものを感じてしまう。未希さんは決してそうではないと思うのに。

・最後に「出棺の時、雨も降っていないのに、西の空にひと筋の虹が出た。未希さんの声は『天使の声』として町民の心に深く刻まれている」と結ばれているが、この書き方はおかしい。虹はちゃんと科学的に出るものだ。いかにも未希さんの行動を神がかったものとして描こうとしている。

・未希さんの行動をディスる（若者言葉の一種「ディスリスペクト・disrespect」＝軽蔑、無礼の動詞形で人を軽蔑する、馬鹿にするという意味）ことは誰にも出来ないし、しちゃいけない。でも、この指導案は納得できない。「自分の命を犠牲にして他者の命を救うことを肯定するような指導にならないことに配慮しながら」とあるけど、流れは全然そうなってない。

・「人間としての気高さ」を教えるというねらいで未希さんの物語を使うべきではない。無理矢理ねらいに誘導している。この流れでは生徒は「命を落とした未希さんの生き方は素晴らしい」と言うしかないのではないか。

（結果として）命を賭けて職務をまっとうしようとした未希さんの行動そのものを否定する学生はいなかった。むしろ「怖いから、自分ならばいち早く逃げ出したかもしれない」と言いながら、「でもいち早く逃げ出すほうがエライんじゃないか？」「自分が親だったら絶対にそうしてほしい」などと述べる。

ある学生はこうも言った。

「未希さんは仕事をしなきゃいけないと無我夢中だったんではないでしょうか。それだけなんだと思います。いや、それはそれで凄いことだし素晴らしいことだけど。でも、それをことさら美談としちゃいけない。それじゃ命を捨てた人が偉くて、逃げた人はダメということになる」

私は学生たちの意見を聞きながら「この町、いやこの国の防災に対するインフラはどうなんだろうね」と投げかけた。くだんの学生が「あ、そうです。未希さんが命を落としたのは、防災に対するインフラが弱いからじゃないですか。危険が迫っている時に自動で住民に避難を呼びかけるような防災無線が整備されていたとしたら、避難訓練や堤防なんかがちゃんと機能していたとしたら……」

「先生、そもそも日本の防災に関する予算ってどのくらいなんですか?」こう聞いた学生もいた。

「そうだね。それを調べるのはきみたちの仕事だよ。未希さんそして多くの人が震災で尊い命を落とした。それはなぜなのか。どうすればいいのか、そのことを学び、考えるためにみんなは、この大学に通っているんじゃないかな」

「もうひとつの物語」を読むということは、本当のストーリーを紡ぎ出すということなのだ。そして本当のストーリーを読ませまいとする力と戦うことなのかもしれない。

「世界中が涙したタイの感動CM」——もうひとつの物語その(四)

もうひとつの物語の最後に紹介するのが全世界で一〇〇〇万回以上視聴された「世界中が涙したタイの感動CM(二〇一三年)」という動画(注28)である。携帯電話会社のCMとしてタイを舞台にしたショートフィルムとして作成されたもの。

舞台はタイの小さな商店街。「こっちにおいで泥棒、何を盗むつもりだったんだい！」荒々しい声が響く。一人の子どもが薬屋で盗みを働いたのだ。奪ったものは痛み止めの薬と栄養ドリンク。「なんでこんなもの盗んだんだい？」と薬屋のおばちゃんは、少年を小突きながら激しく問い詰める。「お母さんが……」さらに問い詰めるおばちゃん。

「まあまあ」そこに止めに入ったのは食堂のおじちゃんだ。「お母さん病気なのか？」食堂のおじちゃんがそうたずねると、少年はコクンとうなずいた。おじちゃんは、おばちゃんに薬代を支払い、娘に店の野菜スープをもってこさせ、少年に渡した。気まずさから少年は、渡された薬とスープを奪い取るように走り去っていった。

そして30年後。気のいい食堂のおじちゃんは、困っている人を見ると放っておけない。お腹をすかせたホームレスが来れば「ほら、もってきな」と、店の食品をわけてやる。

ところがそんなおじちゃんの身に不幸が襲いかかる。突然、病に倒れ、頭を打ち重体となる。日本円にして治療費は二四六万円。タイの物価でこの金額は相当なものである。どうしても父親に治療を受けさせてやりたい娘は泣く泣く店を売る決断をする。

娘は意識不明の父親の看病と心労が重なり、父のベッドの傍らで眠ってしまう。気が付くとベッドの上に手紙が置いてあった。それは医療費の明細書。まだ支払っていないのに残金が0《ゼロ》になっている。そこにはこう書かれていた。「治療費は、既に支払い済み。あの時の痛み止めと野菜スープ一袋によって」

娘は記憶の糸をたぐり寄せる。そう、あの時のあの少年。父親を今、担当してくれているあの医師は、あの時のあの少年だったのだ。

「手渡すということが最高のコミュニケーション」というテロップが最後に流れる。

素晴らしい映像と音楽効果も伴って、思わず涙せずにいられない。しかし、どうにもひっかかるものがある。そのひっかかりをテーマにして、この動画も授業で取り上げてみた。まずＤＶＤを視聴した後に初期感想を出し合い、制作者の意図（ねらい）は何かを出し合い、板書で整理する。

・そのねらいは妥当な（支持できる）ものか？

・制作者も意図していない違う物語（もうひとつの・アナザーストーリー）はないか？

学生たちはグループ討論の中で、ケアを中心とする教育の大切さ、愛が双方向であること、助け合うことの値打ちなどの価値について語りだした。

「親切や愛情は連鎖する。とくに子どもにどう接すべきか？　を教えてくれる」

「この子が医者になったのは、このおじさんへの恩義をずっと感じていたからに違いない」

「少年の成長から教育には大きな可能性があることが分かる」

「社会にはこのような善意があること、そこが値打ちだと思う」

「情けは人の為ならず、それが言いたいのだろう」


続いて、私は次のような問題を投げかけた。
・この「善良」なおじさんは、何故店を売らなければならなかったのだろうか？
・もし、このドクターに偶然出会わなければ、どうなっていたのだろうか？
　→違う物語が生まれたとするとそれはどういうものか。

学生たちは、提起を受け、グループで討論しながら「もうひとつの物語」を読み開いていった。

「こんなにまじめに働いていても、ちゃんとした医療を受けられない。つまりこれは社会の貧困が問題だ」

「途中で物乞いに来た人がいたが、それを考えれば、少年が盗みを働いた当時と三〇年後も格差のある貧しい社会は変わっていない」

「確かに感動する話で、肯定的に見るべきところがたくさんあるが、まじめに働いても医療が満足に受けられない社会とは何なのか？　そこを考えずにただ感動してはいけない」

「ストーリー（物語）にはすべて背景（社会）がある。その背景を見つけてこそ、本当の物語が読めるのではないか」

授業ではほとんど発言することなく、じっとみんなの意見を聴いていた学生の（授業後に提出された）「コメントペーパー」には、次のような感想が書かれていた。

情けは人の為ならず、子どもにはどう接すべきか、人は具体的に行動することが大事、優しさや寛容は連鎖するなどとても大事なことがつまっている話だったが、それ以上に、社会そのものを俯瞰《ふかん》して見ていくことが大切だとグループ討議を聴いて実感した。美談の影に社会の矛盾や問題が隠されてしまう。いや、むしろ美談だからこそクリティカル（批判的）に見ないといけないという視点に人生観が変わるほどの衝撃を受けた。（原田柔〈仮名〉「特別活動の研究」立教大学一年）

ヒドゥン（隠された）カリキュラム

実はこの物語はアメリカで起きた同様の出来事を元にしている。感動し思わず涙するストーリーであることは間違いないが、（制作者の意図は別にして）社会保障制度の薄さや社会的貧困が背景としてある。しかし、「市井の善意の人々が思いやりの気持ちを持ち、仲良く助け合って暮らす美しい物語」として、あっさりと読み取ってしまいがちだ。さらに言えば「貧しい者は、このように手を取り合って助け合い、支え合って暮らせ」というメッセージにすり替わってしまう危険性を持つ。教育には常にこうしたヒドゥンカリキュラム（Hidden Curriculum）(注29)がつきまとうことに注意しなければならない。ブラジルで貧困にあえぐ民衆の教育を追求し続けたパウロ・フレイレはこう語った。

教育者の実践は用心深くあらねばならない。目をしっかりと見開き、耳を、いや全身を開いて、いわゆる「隠されたカリキュラム」の罠に陥らないように歩みを進めなければならない。だから教育者は、より寛容になり、より明晰になり、より批判的になり、より旺盛な探求心をもって仕事にあたることが必要になるのだ。（パウロ・フレイレ著　里見実訳『希望の教育学』太郎次郎社）

「もうひとつの物語」を読み解くリテラシーを子どもたちと分かち合いたいと思う。真面目に働く善意に満ちた人たちが、病気の治療費が払えず、ホームレスや盗みを働かざるを得ない子どもたちがいる。そんな貧困と矛盾に満ちた社会が存在している。しかし、そういう困難な中にあっても人の善意は生き続ける。社会の矛盾を見据えそれに働きかけ、人の善意が善意としてちゃんと機能する世の中にすること。それが「もうひとつの物語」ではないだろうか。

インドで「飢えた人、裸の人、家のない人、体の不自由な人、病気の人、必要とされることのないすべての人、愛されていない人、誰からもケアされない人のために働く」ことをライフワークとしたマザー・テレサは、聖職者として宗教的に人々を救おうとしただけではない。貧困問題の撲滅という目的のために、自分の知名度を活かして積極的に寄付金を募っていたことは、あまり知られていない。

ある時、ローマ教皇から彼女にリンカーン・コンチネンタルが寄付された。彼女はその車を使った？　いいえ。では売った？　いいえ。なんと宝くじを催し、一等の景品にその車をあてたのである。結果として、高級車の値段を大きく上回る活動資金を得たのである。（中井俊『マザー・テレサ愛の花束』ＰＨＰ研究所）

マザー・テレサは、このエピソードにあるように、ビジネスパーソンとして高い才能があり、貧困の解決のために社会に働きかける活動家でもあったのである。愛にあふれたと評されることの多い聖女は、死にゆく人の手をとって慰めただけではない。その社会的評価は別として、これは私の勝手な解釈に過ぎないが、ナイチンゲールの言うところの天使だったのかもしれない。

天使とは、美しい花をまき散らす者ではなく、苦悩する者のために戦う者のことだ

（ナイチンゲール）

リテラシーを持つこと——レイシズムと対抗すること

「もうひとつの物語」を読む必要性は道徳のテキストの中にだけあるのではない。私たちの住む社会にこそ求められる。第Ⅰ章で述べた怒りが憎しみに変わる時の要因「②事態を読《よ》み拓《ひら》くちから（リテラシー）が脆弱《ぜいじゃく》な時」を克服すること。レイシズムを乗り越えるためにも、物語を読み拓くためのリテラシー（literacy）を磨く必要がある。

リテラシーは様々な定義があるが、読み書きの出来ること（識字）を基本として、情報、多文化、メディア、コミュニケーションについての知識があり、またそれを駆使することの出来る能力ととらえよう。

尖閣諸島の領有権を巡って中国との緊張が高まった二〇一二年。中国各地で起きた「反日暴動」のニュース映像が繰り返し大手メディアで流され、国内に嫌中ムードが漂った。二〇〇二年日韓共催FIFAワールドカップ時、韓国選手のプレーや応援について疑問や反感を持つ人が出現した(注30)。それをきっかけとして、後の「冬ソナ」など韓流ブームとは裏腹に「嫌韓」を主張する人たちがネットの中などで徐々に勢力を持つようになっていく。そして「竹島問題」を巡って「嫌韓」ムードはさらにヒートアップした。その流れは今なお続いており、各メディアが行う嫌いな国の国内アンケートでは韓国と中国が上位を占めることが多い。そして中国、韓国でも、同様に嫌いな国の上位は日本であると報道される。アンケートの正確性の問題や、印象操作(注31)の可能性もあり、これらの

広州市第 16 中学と広雅中学の学生たちが『暴力を拒絶し、理性的に国を愛そう』というプラカードを持って広州花園酒店のデモ隊の中に立っている。(注32)

報道を鵜呑みにすることは、必ずしも正しいことではない。が、国内に漂う空気の一部を表している。

原因はお互いの政府による強硬な外交政策と大手メディアによる世論操作の影響が強いことは否めない。ところが、反日「暴動」に反対して、中国の著名ロックミュージシャンや広州の中国人音楽仲間が次々にデモ反対を表明し、暴力反対を訴える動きもあったのである。これらは、日本の大手メディアではまったくといっていいほど報道されず、結果としてほとんど知られていない。

反日デモ隊が集まった広州・花園酒店。日本企業の施設破壊や投石などの「暴動」が鎮静化してしばらくたった時「理性愛国、反対暴力」というプラカードを持った学生が集まった。彼らはデモの終息後、花園酒店の周りのゴミやがれきを拾い集めたという。そしてそれを見た中国人が「中国の将来にも希望はある」とツイートした。これら一連の動きを「鳥肌がたった。自分もまだまだここでやっていける元気が出てきた」と語る中国の文化人もいたという。以下は「反日暴力」を強く非難し、『中日関係の理性的な回復を求めるアピール』の発起人である作家の崔衛平さんに関する記事である。

崔氏は「暴力的行為をしたのはほんの一握りで、ほとんどの人は理性的な考え方をしているのに、皆沈黙していた。理性的な声を集め、皆に見てもらいたかった。暴力的な中国の印象は、中国の本当の姿ではない。ネット上では政府と異なる意見も多い」と述べた。

既に六百人以上の署名が集まったことについて崔氏は「すばらしい」と評価し「中国で署名をするということは、とてもデリケートなこと。声明の内容に賛成していても、署名できないという友人もいる」とした。（略）

「互いに近づき、互いに理解すれば恐れはなくなる。日本と中国はこんなに近いのだから、友好的な関係を築くべきだ」と希望を託した。（『中日関係に理性を　声明起草　中国人作家語る』東京新聞　二〇一二年一二月一三日）

リテラシーを育むことなしに「もうひとつの物語」を読み拓くことは出来ない。表面的で一方的なものの見方を、多層的かつ多角的なものの見方に変えていくことが必要になる。

次頁上の図は「ものの見方・考え方」をテーマにした授業で使用したものである。意見が相違し対立に至る構造をよく表している。

この授業後、左上のイラストを元に左下の図を書いた感想用紙が提出された。羽田は「早く見方変えないと、どんどん差がひらいてく!!」とイラストを用いて表現した。すれ違いや思い込みは、時間が経つにつれ拡大し取り返しのつかない事態を招きかねないという意味だ

タイトル不明　作者不詳

羽田徳士「特別活動の研究」立教大学３年

ろう。確かに、上の図は3、4という一つ違いだが、羽田の図は5、7と二つ違いになっている。応用力の高いこの感性にはっとさせられる。確かに「早く見方を変えないと、どんどん差がひらく」のである。

「憎悪のピラミッド」に見られるように、レイシズムの初期段階は、先入観による行為である。その内実は「冗談、噂、ステレオタイプ」である。それを鵜呑みにせず、もうひとつの物語を紡ぐことはレイシズムを止めることとイコールと言える。それは、教室という小さな社会で起きる「いじめ」問題の解決にも深く関わる重要なテーマである。

見えない世界と見せられている世界

リテラシーとは言葉を換えて言えば、「正しく見る」ことである。しかし、見えていることがすべてではない。見えている世界は見せられている世界であり、見ようとしなければ見えないのがまた世界である。ネトウヨと称される人たちが、自分たちのグループ内で回覧される情報を絶対化し、大手メディアを「マスゴミ」と蔑称で呼んでいる構造は、それを逆説的に証明している。

青山貞一（東京都市大学教授）は、次のように述べる。

日本人は、先進諸国で飛び抜けてマスコミ報道を鵜呑みに信じやすいことが（略）実証されています。いわばマスコミ報道の「鵜呑度」を国際比較すると、日本人は、先進国中ダントツに「鵜呑度」が高く七〇％、最も低い国民は英国で一四％です。その他の主要欧米諸国（ロシアを含め）は二〇―三五％です。日本に近い国は、ナイジェリア、中国など、途上国と新興国となります。別の言い方をすれば、日本人の七〇％は自分の頭で考えず（思考停止）、テレビ、新聞、週刊誌などのマスコミの情報を鵜呑みにしていることを意味します。（『エントランス〈ブログ〉Alternative Media 独立系メディア E-wave Tokyo』[注33]）

二〇〇四年「イラク邦人人質事件[注34]」で「自己責任」の名の下に、激しいバッシングを受けた支援活動家の高遠菜穂子氏は、情報に関して、私たちが「常識」と思っていることに疑問を呈した。

日本は情報があふれていると思っているみなさん。それは全く違います。この国ほど情報が知らされていない国は世界に例をみません。イラク戦争について言えば、その後の調査で国際法違反と断じたオランダ、情報開示によって戦争自体が不当なものであったと明言したイギリス。それに対して日本はこの件について、外務省報告がたった四ページしかありません。そこに記述されていることは「概ね日本の対応は間違ってない」というものなのです。私は海外でテレビを見る機会も多いのですが、ある時、殺傷兵器を駆使した非常に攻撃的な軍事演習を行っている軍隊が紹介されました。その演習のすさまじさに驚いて一体どこの国だろう？　中国かな北朝鮮かな？　と思っていたら日本の自衛隊であると最後に紹介され、とても驚いたことがあります。海外にいると日本の情報がいかに世界と遮断され、隔たっているかが分かります。日本はまったくと言っていいほど情報を伝えられていない世界でも珍しい国なのです。
（『Peace Night　9スピーチ』首都圏学生九条の会企画　二〇一三年一二月一〇日）

リテラシーを持つということは、騙されない知性を獲得することであり、誰かによって見せられている世界とは違う、連帯しあう世界を自らの手で見つけだしていく営みでもある。先に述べたように、それがいじめ、レイシズムを克服するための極めて重要な視点となる。

「いじめられるヤツにも理由がある」は、いじめを正当化する理屈としてよく使われるものである。しかし多くの場合その「理由」は一方的であり多数派の論理にたつものだ。仮にその「理由」が彼らの言う正当なものであるとしても、その理由が生じる背景や原因を知ることを抜きにするからいじめは行為としてエスカレートしていくのだ。

私が教員になって初めて担任をもった時のことである。「あいつは（身体が）臭い、（服装が）汚い」という理由でいじめが起きそうになったことがある。それは生活の貧困が原因であった。家に風呂がなく、洗濯もままならない。私は民生委員の方たちと彼の生活をケアする傍ら、班長たちとそのことを話し合った。

近所に住んでいる子が、知っている事情を遠慮がちに話しだす。それを聞いた上で（可能な範囲で）彼の境遇を語り「家が貧しいのは彼の責任なのか？」と問うた。そして後から知ったことだが、リーダーの何人かは、彼の家をそっと見に行ったのだ。その子たちが中心になって、彼への援助体制が組まれた。さりげなく新しいタオルを持参する、使っていないジャージを貸す、勉強を教えるなどが行われ、いじめの動きもやがて消えていった。

考えてみれば「もうひとつの物語」を読み拓くことは、新しい友人を発見し、いじめ・いじめられの関係から、互いにケアしあう関係に組み替えていく営みとも言える。次の章では、見えていない世界を見える世界にするための視点と、教室に起きる「いじめ・トラブル」をどう解決していけばいいか、実践例を元に考えてみよう。

（注1）「達成するまでそれは不可能に見える」It always seems impossible until it's done.「成功するために大切なのは、どこから始めるのかではなく、どれだけ高く目標を定めるかである」It is not where you start but how high you aim that matters for success.「私が我が魂の指揮官なのだ!」I am the captain of my soul. などが有名である。

（注2）いじめの認知に当たっては、個々の行為がいじめに当たるか否かの判断を、いじめられた児童生徒の立場に立って行い、認知したいじめには、迅速に対応することが必要であるが、このいじめの中には、犯罪行為として取り扱われるべきと認められるものが含まれる。このため、このいじめの対応に当たっては、早期に警察に相談・通報の上、警察と連携した対応を取ることが必要であること。（通知）25文科初第２４６号 平成二五年五月一六日

（注3）全生研など民主教育の実践を追求している教師たちは、集団内部に存在する諸矛盾を様々な活動によって顕在化させ、その解決を通して集団を民主化し、その成員を社会的に自立した人格として育てる教育手法を「集団づくり」と呼んだ。参考「全国生活指導研究協議会HP」http://ameblo.jp/zenseiken/（二〇一四年二月一五日確認）

（注4）実践例としては、浅野誠（元中京大学）、ディヴィット・セルビー（元トロント大学グローバル教育国際研究所所長）

らによって地球市民を育むグローバル教育がある。（参考：浅野誠、ディヴィット・セルビー編『グローバル教育からの提案—生活指導・総合学習の創造』日本評論社）著者も現場の研究者として参加している。

（注5）二〇一四年、華やかな冬季ソチオリンピックの裏側で、ロシア政府の同性愛弾圧に対して、世界各国からの抗議があったこともそれを裏づけた。

（注6）さらに二〇一三年末には、国家安全保障戦略に「愛国心」を盛り込む方針を入れた。

（注7）安倍首相は「積極的平和主義の立場から、ＰＫＯをはじめ、国連の集団安全保障措置に、より積極的に参加できるよう図ってまいります」と演説した。（二〇一三年九月二六日　国連総会）ここで言う「積極的平和主義」とは、集団的自衛権を容認し、やがては憲法九条を「改正」することと密接につながっている。それは同盟国アメリカの世界戦略に組み込まれ、共に「戦争が出来る国」への道を歩むことである。「愛国心」はそのために欠かせない徳目とも言える。

（注8）バートランド・ラッセル『哲学入門』（ちくま学芸文庫）

（注9）第二次安倍内閣における教育提言を行う私的諮問機関。二〇一三年一月に発足。

（注10）「これからの大学教育等の在り方について」（第三次提言）を、安倍晋三首相に提出。国際的に活躍できる人材育成には、初等中等教育段階からグローバル化に対応した教育の充実が必要として、小学校での英語学習の抜本的拡充（実施学年の早期化、指導時間増、教科化、専任教員配置等）、中学校における英語による英語授業の実施などを、学習指導要領の改訂も視野に、諸外国の英語教育の事例も参考にして、検討するよう要請した。『小学校英語の早期化言語教育として本質論議を』（教育新聞　二〇一三年六月二七日号）

（注11）美しい国づくりプロジェクト（内閣官房室）http://www.kantei.go.jp/be-nippon/project/project_001.html（二〇一四年二月一五日確認）

（注12）政府の規制を緩和・撤廃して民間の自由な活力に任せ成長を促そうとする経済政策（『知恵蔵』２０１４）。ルールなき資本主義と称されることもある。

（注13）「生活保護」というセーフティネットが存在しながら、日本の場合、このネットには大きな穴が開いている。生活保護の受給対象にありながら、そのうちの80％の人が受給できていない。二〇〇八年度の生活保護の実数は１５９万人にのぼる。捕捉率が19・７％の場合、生活保護受給対象数は８０７万人ということになる。８０７万人―１５９万人＝６４８万人。この６４８万人が生活保護制度から漏れているというのが、セーフティネットのひとつ、「生活保護」

制度の実態である。(『貧困』を考える―2　高原千尋) http://blog.goo.ne.jp/hardsix/e/22afd2a8a60b75ae23f9d8294d8189c6 (二〇一四年二月一五日確認)

(注14) 共同通信　二〇〇六年一〇月二九日　http://obaco2.seesaa.net/article/26418712.html (二〇一四年二月一五日確認)

(注15) 「日本会議」は戦前回帰、復古主義などを標榜する政治団体。靖国参拝を巡って、中韓を始めとしたアジア諸国の批判に留まらず、アメリカからも「失望した」と批判の声が上がった。靖国神社はA級戦犯が合祀されたという問題だけでなく、侵略戦争を肯定する展示のある遊就館が併設されている。国のために命を捧げた軍人らは「英霊」とたたえられ、太平洋戦争でも兵士たちは「靖国で会おう」と死んでいったとされている。現在は250万近い人がまつられる一方、原爆や空襲で死んだ民間人や、官軍と戦った旧幕府側や明治政府に反抗した西郷隆盛らは対象外になっていることからも、不戦の誓いをする場としてふさわしくないという意見がある。

(注16) http://reishiva.exblog.jp/3648326 (二〇一四年二月一五日確認)

(注17) 西川宏『ラッパ手の最後』(青木書店、一九八四年)

(注18) 麻生太郎氏「憲法は、ある日気づいたら、ワイマール憲法が変わって、ナチス憲法に変わっていたんですよ。だれも気づかないで変わった。あの手口学んだらどうかね」(都内シンポジウム、二〇一三年七月二九日)

(注19) 一九五九年に発足した全生研（全国生活指導研究協議会）は、道徳の時間が特設される動きに反対して生まれた民間教育団体である。特設道徳の「国家的徳目を注入する危険性」を指摘し、そもそも学校教育全般の中で道徳心は育まれるべきだと主張した。そして「民主的道徳」を子どもたち集団の中につくり出す教育実践を追求している。

(注20) http://www.ypec.ed.jp/center/kenkyukaihatu/22/kiyou/h22kiyoucd/22kiyoupdf/kono.pdf (二〇一四年二月一五日確認)

(注21) 日本の教育システムに対しては、非常に厳しい懸念が示されている。まず、日本の教育システムがあまりに競争的なため、子どもたちから、遊ぶ時間や、からだを動かす時間や、ゆっくり休む時間を奪い、子どもたちが強いストレスを感じていること、それが子どもたちに発達上のゆがみを与え、子どものからだや精神の健康に悪影響を与えていることが指摘され、適切な処置をとるよう勧告されている。(二二項、四三項)

(注22) http://d.hatena.ne.jp/fjhiro3/20130419/1366346849 (二〇一四年二月一五日確認)

(注23) 「復興」が進むにつれて、学校は元の多忙でゆとりのない姿に戻ってしまった、と古関は後に述べている。

（注24）一九九〇年代にアメリカで始まった教育方針の一つ。「zero」「tolerance（寛容）」の文字どおり、不寛容を是とし細部まで罰則を定めそれに違反した場合は厳密に処分を行う方式。割れた窓を放置しておくと、それがどんどん拡大するから「早期に直せ！」という意味で「割れ窓理論」と呼ばれることもある。日本語では「不寛容」「無寛容」「非寛容」等と表現され、転じて「毅然たる対応方式」などと意訳される。具体的には例外を設けず出席停止や退学などの処分を行うことや、異装や茶髪などの校則違反を許すことなく帰宅させる、儀式への参加をさせない「指導」などを指す。生徒指導の基本方針として、日本中の学校に広がりつつある。

（注25）緊急避難的に警察など関係機関と連携をとることはありうる。また該当の子どもを自宅待機させるなど一端クールダウンさせる措置が必要なケースもある。

（注26）『道徳教育を考える』（汐見稔幸　西日本新聞朝刊二〇一三年九月二四日）

（注27）http://www.pressnet.or.jp/adarc/adc/2013.html（二〇一四年二月一五日確認）山﨑博司さんと小畑茜（ともに博報堂）のコメント：ある人にとってしあわせと感じることでも、別の人からみればそう思えないことがあります。反対の立場に立ってみたら。ちょっと長いスパンで考えてみたら。別の時代だったら。どの視点でその対象を捉えるかによって、しあわせは変わるものだと考えました。そこで、みんなが知っている有名な物語を元に、当たり前に使われる「めでたし、めでたし」が、異なる視点から見ればそう言えないのでは？　ということを表現しました。広告を見た人が一度立ち止まり、自分の中にさまざまな視点を持つことの大切さを考えるきっかけになればと思っています。「しあわせってなんだろう？」と二人で考えた経験が、次に生かされるよう頑張っていきたいと思います。

（注28）http://www.youtube.com/watch?v=oSVYQVYXn_E（二〇一四年二月一五日確認）

（注29）教師の教えや学校生活、学校制度そのものの裏に潜み隠れているものを、教師の言語的なコミュニケーションに伴う表情、語調・態度や教師が持つイメージや雰囲気などの非言語コミュニケーションを通して学び取ってしまうこと。

（注30）大ヒットした『マンガ嫌韓流』は冒頭、日韓が共催した二〇〇二年のサッカー・ワールドカップ（W杯）について描く。韓国選手の相次ぐラフプレーが反則とされなかったり、韓国応援団がドイツチームを「ヒトラーの子孫」と罵倒したりした逸脱行為を取り上げなかった日本のメディアに疑問を呈したのだ。（日韓関係〈1〉「嫌韓」の奔流　称賛の陰で膨らんだ違和感、産経新聞、二〇一四年一月一一日）

（注31）意図的な報道姿勢によく見られる。あることについて断定的な口調で自己の判断を提示し、それがあたかも「一般的」であるかのような印象を読み手に与える表現上の一技術。
（注32）http://s3.amazonaws.com/imgly_production/5575686/large.jpg（二〇一四年二月一五日確認）
（注33）http://www.asyura2.com/12/senkyo132/msg/578.html（二〇一四年二月一五日確認）
（注34）政情不安定なイラクにおいて、現地の武装勢力が入国した外国籍のボランティア、NGO職員、民間企業社員、占領軍関係者などを誘拐する事件が頻発した。誘拐の要求の多くは、誘拐した外国人を人質に、彼らが本籍を置く政府に対して、自国の軍隊（日本では自衛隊）をイラクから引き上げることを要求するものであった。

第Ⅲ章

「共に生きる世界」を実現するための教育実践

思春期の葛藤の中にいる子どもたち

子ども、とくに思春期の子どもは様々な「問題」を起こす。第二の誕生（注一）（ルソー）とよばれるこの時期は、その後の人間形成にとって極めて重要である。彼らにとってこの時期を過ごす大部分が学校という教育現場である。

「いじめ」「暴力」「ひきこもり」などは、個々の子どもたちが抱える「葛藤」や「発達課題」によるアクティングアウト（無意識の衝動や葛藤を言葉で言い表さずに行動を通して表現すること）である。仮にアクティングアウトすることなく、教室では静かで「いい子」に見える子どもであっても、同じ課題を持つと考えなくてはならないが、それが顕著になりやすいのが被虐待児である。京生研（全国生活指導研究協議会・京都支部）の実践家、高木安夫の担任した隆信はそういう子であった。

幼児期から実の父親の激しい暴力を受ける（その後離婚し母親は再婚）。母親と義父はワーキングプアであり、隆信は一人遊びをするのが常だった。小学校に入ると友だちとのトラブルや逸脱を繰り返す。「担任に無視された。わざと怒られるようなことしてたら、俺ばっかり怒る。家にも、俺がしていないことまで言うし、違うって言っても信じてもらえない」と話し、担任に包丁を向けたこともある。

被虐待児である隆信は当然のように、中学入学後も様々なトラブルを起こし続ける。高木は次のように分析し、指導方針を立てる。

「隆信の生育と背景」

・幼児期に実の父親からの虐待経験を持ち、極度の多動である。授業中は脈絡もなく一人でしゃべりまくる。
・すぐに動く。注意されると暴言はひどい。「はげ・きもい・死ね」は平気。マイナーな子（目立たない子）をからかって遊びながらも、相手からの気に障る言葉や態度に切れて暴力を振るう。その指導は、指導の入り口で暴れて拒否し続ける。
・彼の自我は内面に他者が存在せず、欲求のままに暴走しているようである。彼の内面に存在するのは暴力的他者のみであり、他人を強いか弱いかで判断し、強いもの（暴力）には卑屈に対応し、弱いものには暴力的に関わる。
・小学校時代に友だちができるはずもない一匹狼。学校は彼を抑圧せざるを得なかったであろう。
・教師の指導を受け入れる素地もなく中学校に上がってきた。唯一の指導の糸口は、友だち（遊び相手）を求める欲求が存在することである。よって彼は学校を休まないし、遅れない。どんなに熱があっても来る。

「彼を育てる指導・学校のあり方」

・隆信の自我を育てるには時間がかかる。彼の成長に向けてさまざまなトラブル・問題には粘り強くつきあいながら、彼が参加できる子どもの社会を形成していく取り組みが必要である。
・彼の起こす問題・トラブルを、彼への理解を深める教材として指導し、決着を図っていく。
・彼を邪魔者として排除する生徒に対しては、彼の自立に参加する集団づくりのあり方を進める。
・彼を指導困難として排除する動きに対する歯止めをかける（暴力の加害者としての排除、秩序破壊、指導困難による排除、発達障がいのレッテルを貼ることによる排除、特別支援教育による被害者の立場優先からくる排除など）。
・彼への指導のあり方を合意するための職場方針を確立する。

高木たちは隆信のような発達上の重い課題を背負わされた子どもを「K」と名付けた。(注2)「K」の苦悩を丁寧に分析し、指導方針を立て、徹底して寄り添いながら、その社会的自立をどう援助していくか、そして同時に「K」をとりまく集団の指導をどうすべきかを追求する。

高木は、隆信の起こす様々なトラブルに丁寧に向き合いながら、時には優しく寄り添い、時には厳しく彼の行動を批判し、個別指導を強めていく。そして同時にそれらをあえて「紛争」として教材化する。教材化されたトピックはリーダー集団やクラスで話し合われ、隆信の起こすトラブルは何が原因なのか、出来事の背景を子どもたちと共にリアルに読み拓いていくのである。

他の子どもたちから見れば、自分たちとは異なる振る舞いをする「他人」であった隆信。しかし取り組みの中で、隆信は異質な「他人」ではなく、自分たちと同じ悩みや葛藤を抱える存在であることを知る。そうした時に、共に歩いていく「他者」としての隆信が登場する。それは差別と排除から友情と連帯の関係性への変革であり、見えていない「もうひとつの物語」が生まれることでもある。その物語は、周囲の子どもたちの自立を促し、希望の教室をつくり出した。

これらの取り組みは、「班グループづくり、リーダーとそれを支えるフォロワー[注3]、討議討論（話し合い）」の指導を柱とした「集団づくり」と呼ばれる教育方法をベースにしている。教室内外で起きた「問題」を自らが解決するように指導し、子ども集団を民主化する過程を通して自治をつくり出すこと。それらの取り組みは子どもの自立と社会参加をつくり出し、同時に違いを乗りこえて連帯して生きる「市民的道徳」を生み出す。

高木の指導は「荒れる子」「問題を起こす子」は本人の問題であるという排除の論理と決別し、ゼロトレランス（＝寛容なき「指導」）の対岸に立ち、私たちを敵対し憎み合わせる仕組みを持った「自己責任論」から自由になるものである。こういう指導こそが、子どもたちの内面に、友情と連帯をベースにした「真の道徳心」を養うことになるのである。

このような取り組みは、必然的に隆信自身の自立を促すことになった。クラスの仲間から受け入れられてくると同時に、隆信の行動は中三になる頃から徐々に落ち着きをみせはじめ、やがて第一希望の高校に合格することになる。しかし、その後、高一で中退。他校の卒業生と傷害事件を起こすなど中学卒業後も彼の葛藤は続いている。それでも、いま隆信は電気工事の仕事をしながら元気に二〇歳の誕生日を迎えた、と高木は報告している。（京都府生活指導研究協議会編著『「Kの世界」を生きる』クリエイツかもがわ）

もう一人の自分――万引きをした子ども

こうした子どもたちの精神的、社会的自立に向けて必要な指導のポイントは何だろうか。個別指導であれば、子どもに「自分の中にいるもう一人の自分」を意識化させることだと考えている。例えば万引きをした子どもがいたと仮定しよう。教師がその子どもを指導しなければならない場面に遭遇した時、我々はどういった言葉をかけるだろうか。多くの民主的とされる教師ならば、いきなり怒鳴りつけるようなことはしないはずだ。

「どうして盗っちゃったの？」そんなふうに優しい口調で聞く教師が多いと思われる。しかしその問いはほとんどの場合、残念ながら不毛である。自身の行為の背景にある葛藤や要因が言語化できるようであれば、そもそものような行為には至らないと考えられるからだ。

とすれば、どのような声かけがいいのだろうか？　正解は一つではないが、「取る時にドキドキしなかった？」というものはどうだろうか。これならば語る言葉を失っている子どもであっても、うなずくくらいのリアクションならばする可能性がある。

「良かった！　ドキドキしたということは、きみの中に、他人の物を取ってはいけないというもう一人のきみがいるからだと思うよ」

「ぼくは、きみの心の中にいるもう一人を信頼するよ」

こういった働きかけによって「対話」は始められなければならない。教育的「対話」とは、目の前の子どもそのものではなく、その子どもの中に住んでいるもう一人の子どもに語りかけることなのだ。子どもは未完成で未発達な存在である。(注4)よって彼らの言動はしばしば、ちぐはぐであり「問題」も多い。その見えている現象面だけに働きかけてしまうと、思わぬ袋小路に陥ることが多いのだ。この問題をさらに掘り下げてみよう。

見えていることと見えていないこと――闘う相手

第Ⅱ章で社会的視点から「見えない世界と見せられている世界」について述べたが、これを子どもに即して詳しく見ることにしよう。

人間は視覚的に「見えている」と思うから大切なものを見落としてしまうのだ

（映画監督・中川信夫）

教師の指導とは、次の図にあるように、見えている部分への働きかけだけではなく、見えていな

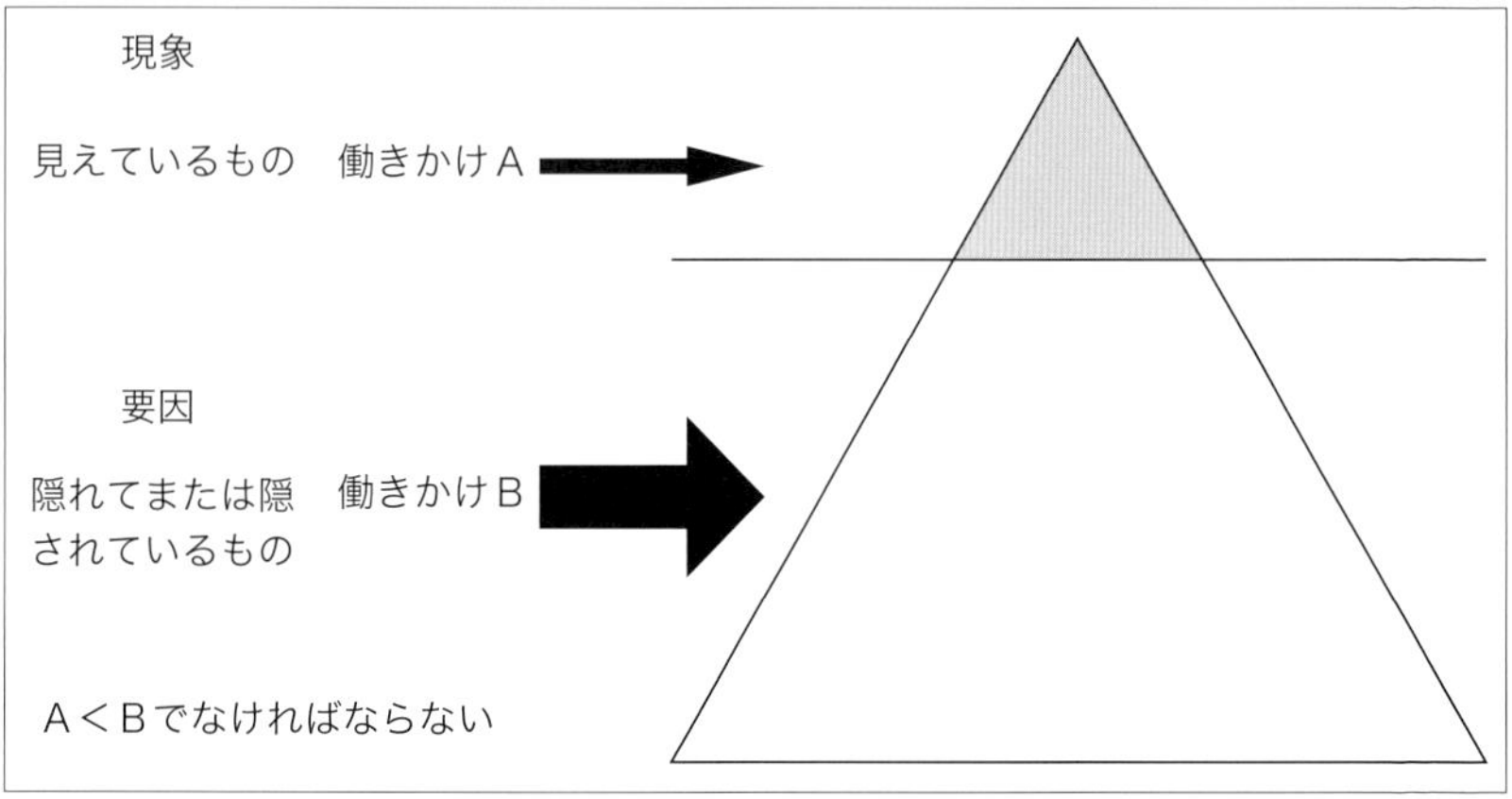

『埼玉県生活指導研究協議会 2013 年・あすなろサークル　石塚美代子講座』より

いところ（要因、本質、根本）に注がれなければならない。その割合が逆転しているのが、昨今の教育現場であり、その究極の形が処罰と取り締まりを中心にしたゼロトレランス方式による「指導」である。そう考えれば、見えていないところに働きかける指導は、「子どもの中のもう一人の子どもに働きかけることとイコールであることが分かる。指導とは「要因に働きかけて安心安全の世界をつくること」（石塚美代子・元小学校教師）なのである。

石塚の提示した図を事例化して考えてみよう。

見えている＝現象：ガラスを割った、暴力を振るった etc
隠れている＝要因：低学力、友だちとうまく交われない、不安定な家庭生活 etc

A　「ガラスを割った、暴力をふるった」ことを反省謝罪させる、場合によっては処罰する

B　学習援助をする、周囲の友だちに働きかける、あそびや集団活動を通して共感的な交わり関係をつくる、保護者と丁寧な話し合いを持つなど家庭への援助をする

校務分掌上[注5]、生徒指導主任が体格のいい男性教師（体育教師など）に割り当てられることが多いように「生徒指導」というと大半の教師は、管理と取り締まりを頭に浮かべる。生徒指導イコールAというイメージである。そのAは指示的、説教的になりやすい傾向を持つ。指示や説教が悪いわけではないが、比較的「安易」なために、現場ではそれに依ることが増えてしまう。しかし（B＞A）が指導の大原則なのである。

対して、Bの指導は対話をベースにして共感的に行うことが基本となる。保護者と話し合いを持つ場合でも「こうしてください」という上からの要求ではなく、親自身が抱えている苦しさや辛さを共有することを基本にして、「どうすればいいか」を共に考え合うというスタンスである。そうでなければ、Bの矢印は太いものにならない。

最近は要求を突きつけてくる保護者を指す言葉として「クレイマー」「モンスターペアレント」という言葉がよく使われる。しかし、そういったとらえ方は一面的に過ぎる。大和久勝（東京都・元小学校教師）は「困った子どもは困っている子ども[注6]」と言った。同様に「（教師にとって）困った親は（自らが子育てに苦しむ）困っている親」なのである。「ああ、あの親がまた文句言ってきたよ」という姿勢では、本当の要求は見えてこない。それどころか、無用な対立を生み敵対関係に陥るだ

けである。

同僚に対しても同じである。中学教員だった頃、職員室でよく聞こえてきたセリフは次のようなものであった。

「ああ、あそこの家は、そもそも親がダメだからね」

「あいつは何遍言っても分からない」

指導の苦労を一手に抱え、うまくいかなければ指導力不足と非難され、責任を負わせられることが多い教師のそう言いたい気持ちは痛いほど分かる。そういった言わば「捨て台詞」を発しないと心のバランスが取れないのだ。よって「教育者なんだから、そんなことを言うべきではない」と諭しても意味はないどころか逆効果になる。

私はまず肯定するようにした。

「そうだね。ほんとだね。大変だよね」

「先生の気持ち分かるよ。（事実それがあれば）ぼくのクラスのKも同じようで困っているんだ」

そして「何回言ってもわからないとすると、どんな言い方をすれば通じるだろうか?」「どうすれば彼の居場所を作れるだろうか」「家庭の事情を聞いてみようか?」と共に考えるようにしてきた。

教師は必ずしも「立派」である必要はない。一人一人は弱くても、つなぎ合う力を持ち、それに努めること。主義ややり方は違っても共通するところを見つけ、時に弱音をはきあい、愚痴をこぼしつつも、隣にいる先生と手をつなぐことが必要になる。

子どもにも同僚教師にも保護者にも、見えないところに働きかけることが必要なのだ。なぜなら、親や子どもの抱えている苦しさや辛さの背景にあるものは、同じこの社会に生きている以上、誰にも共通するものであるからだ。私たちは決して闘う相手を間違えてはならない。

苦悩は共通している

かつて私は転任したばかりの学校で、下駄箱を蹴って荒れている女子（後述する明美）に出会ったことがある。

「どうしたの？」

「は!?」

「いや、何かすごく腹が立っているみたいだし、下駄箱は壊れそうだしさ。どうしたの？」

「キミそんなに下駄箱が嫌い？　下駄箱が憎いわけじゃないでしょ？　だいたいそんなに蹴ったら足痛くない？」

「誰だ、テメエ？」

「ああゴメンゴメン。うっかり自己紹介するの忘れてたね。この学校にあたらしく来た社会科教師で渡辺っていうんだけど。あっそうか！　キミさっきの始業式にいなかったんだね。だったら僕のことも知らないか（注7）」

「むかつくんだよ！」

「どうしてさ？」

「うるせーな、オメーに関係ねえだろ。ともかく、むかつくんだ」

「だからどうしてさ。キミはもう見たところ赤ちゃんじゃないし、立派なU中の生徒だろ？　三年生かな。むかつくわけを言ってごらんよ」

「どうせ、下駄箱蹴るな！　とかウチらが、こんなことしてたってチクルんだろ？」

「ウチら？　へー、ここにはキミしかいないのに？　そうか分かった。友だちのことだな。そもそもキミとは今始めて会って、名前も知らないわけだから、つげ口のしようもないけどなあ」

「聞くのかよ？」

「あー聞くともさ。せんせ、いまやることなくて暇だしさ。話ぐらい聞くよ」

チッと軽く舌打ちをしてから、彼女は話し始めた。

「あのさ、クラスに仲の良い友だち誰もいないんだよ。せんこーたちがみんなバラバラに、ウチらを離したんだよ」

「あーなるほどなあ。そりゃがっかりするわな。でもそれさ、せんせと一緒。実は俺も今すげえムカついてんだよ」

「へっ？　何をだよ？」

「こっから先はちょっと内緒の話だけどね。そもそも僕はこの学校に来たくて来たわけじゃないんだ。もう少し前の学校にいたかったんだけど、過員ってやつでさ、キミは知らないと思うけど。まあクラスが減った関係で、教師が余ってしまって僕が出されたってわけ。前の学校にはもっと一緒に仕事をしたかった仲のいい先生もいたしさ。やり残したこともある。だからここには仕方なく来たってそんな感じなんだ」

「えっ？」

「そいで来てみたらさ、来たばっかりってこともあるんだけど、知り合いの先生はほとんどいないし、さっき職員室で挨拶しても、みんなよそよそしい感じでさ、やな感じなんだよ。だから不安で仕方ないわけさ」

「だからさ、キミと一緒だね。僕は一応教師って立場だから下駄箱は蹴らないけどさ、気持ちは分かるよ。新しい場所は不安だし、自分の気持ちと違うことされたらムカムカする」

「えっそうなの？」

「へへ、教師って言ったって、僕なんか実は、キミと似たような気持ちっていうか、もう、がっつりキミと同じだな」

「ふーん、そうなんだ」

「だけどさ、まあ来たからにはみんなと、どうやれば仲良くなれるかな？　ちゃんと仕事できるようになるのかなと今考えてる最中ってわけよ」

「何だよ、オメー。おもしれえな」

「おお、ありがとう。で、キミ名前は？」

「うるせー」

そう言って走り去ったのが後からとんでもない事件を次々と起こす学校一のヤンキー明美だった。

読者の中には、「こんな言葉使いをする生徒に迎合するような対話」はどうなのか？　と疑問を持つ人もいるだろう。そして、このやり取りが教師として「正しい」ものかどうかは分からない。ただ言えることは、「正しい」言葉使いを教えることは大事であるが、それを注意するところから入っては、「指導」の糸口すらつかめないということだ。（後述するが、明美とはその後、関係性が成立していく。そういう文脈の中で、明美は卒業の時には「ちゃんと」渡辺先生と言い、きちんとお礼を言ってくれた）

ともかく、明美と私は同じ悩みや不安を抱えていたことだけは、今でもはっきりと分かる。底流に流れる問題や人としての「苦悩」は、子どもであろうと大人であろうと、共通することが多いのだ。

先に述べたBの指導は、そこに働きかけるものであり、それを文学的に表現すれば「愛」という言葉になるのかもしれない。「愛」という文字は「心」と「受」で出来ている。相手の心を受け止めること、受け止める心を持つこと。さらに言えば、心の背景にあるものを受け止めようとする行為を人は愛と名付けてきたのだろう。

子どもの自立と教師の姿勢

そもそも、子どもの自立とは何だろうか。やさしく言いかえれば「自分の中にいるもう一人の自分と適切なやり取りができること」を指すと私は考えている。朝起きた時、「ああ、今日は仕事に行きたくない、休みたい」と思わなかった人はいないだろう。しかし、自分が休めばどうなるか？それは許されることなのか？　後から挽回できるか？　差し支えないものなのか？　様々なことを逡巡《しゅんじゅん》し「休むまたは休まない」の判断をくだす。

多くの「大人」は、そんなふうにもう一人の自分と自己内対話をして意思決定をするのである。しかし、大人であっても、自己内対話は容易ではない。まして、発達途上の子どもたちにとってそれは大変なことである。そればかりか、自分の中にいるもう一人の自分の存在を意識化できないからこそ子どもなのである。

しかし、多くの教師や親はそのことを忘れがちである。だから子どものしでかす様々な「間違い」に腹が立ち、時に激しく責め立てるのだ。中学教師だった私にもそんなたくさんの苦い思い出がある。

ズボンをだらしなく下げ、変形した学生服を着た子どもを頭から怒鳴り飛ばしたこともある。指示に従わない子どもがいることに腹を立て、見せしめのように「こんなクラスでは授業はできない」と授業を放棄したこともある。そして思うように動かないリーダーを励ますどころか「がっかりだなキミは」と一方的に非難したことも。言うことを聞かないツッパリの生徒に力で対抗しようと胸ぐらをつかんで脅したことも。そして部活動の最中に思うように動かない選手にイライラして体罰に及んだことすらある。

それ以外の指導法を知らず、「叱ることと怒ること」の区別が出来ていなかった自分を今になって恥じ入るばかりである。

しかしながら「子どもの葛藤や苦悩に寄り添うこと」は言葉で書くほど簡単ではない。なぜなら彼らは、時に容赦なく他者の尊厳を傷つけるような言動をするからである。多くの教師はそれに例外なく傷つき疲れ果てる。しかし、「自分を攻撃している」と思うから傷つき疲れるのだ。子どもたちは自分の背後にある社会に対して異議を申し立て、抗議していると考えるべきではないだろうか。

かつて都内で荒れに荒れた学校に赴任した能重真作氏（元中学校教師・NPO法人非行克服支援センター理事長、「非行」と向き合う親たちの会代表）は、学校前の歩道橋に差し掛かり、今日の指導の困難さを思うと、しばしば足が動かなくなったという。その時は「あいつらが悪いんじゃない。あいつらをそうさせている社会が悪いんだ」と心に言い聞かせながら、自分の太ももを両手で抱えるようにして歩道橋を渡ったという。佐藤博氏（元・中学教師）は思春期の子どもの言葉はそのまま受け取らずに「思春期語翻訳機[注8]」を使えばいいと述べている。

指導とは「子どもをその気にさせること」（城丸章夫[注9]）であり、支配的でない関係性の中で成立する教育的営みである。表面的に言うことをきかせるのは指導ではなく「支配」である。それは子どもの発達と自立に寄与するものではない。

述べてきたように、子どもは様々な「問題」を起こす。パニックを起こし友だちや教師とトラブルになる子ども、非行や引きこもり、そして死に追い込まれる子ども。それらは子どもの問題というよりは、大人のまいた種が子どもに発芽しただけなのである。間違いなく「困った子どもは困っている子ども」（大和久勝）なのだ。社会における様々な問題は、弱者である子どもに直接間接に投影されることが多い。それが意識できるかどうかが、子どもを自立に導けるかどうかの決定的な分岐点になるのである。

「教室 room と世界 World はつながっている」という認識を忘れてはいけない。子どもの世界＝教室で起きていることは、外の世界と確実につながっている。経済的貧困や地域のコミュニティが衰退する中で起きやすいＤＶや虐待、発達障害に関する無理解から生じる「二次障害」などは子どもの問題ではなく、大人そして社会全体の問題である。（渡辺雅之前掲『基調提案二〇一二』）

暴力をふるう大輔

大輔は、隆信ほどではないにしても、貧困の中で育ち、両親も不仲で安定していない家庭の中で育った子どもだ。中学二年で担任した時から、友だちとのケンカというよりも一方的な暴力が絶えなかった。しかし、文化祭での活躍などを通して、徐々に落ち着きを取り戻し、三年へ進級した。その三学期、学級委員の佳子が「先生、大変！」と職員室に駆け込んできた。急いで教室へ行くと息を荒げた大輔、そしてその前に鼻血を出して立ちつくしている健吾がいた。

ひと目で大輔が健吾を殴ったことが分かる。いままで何度となく、暴力についての話し合いを持ち「分かった。もうしない」と「約束」し落ち着きを取り戻していたというのに。いま思えば、彼に裏切られたような気持ちになったのだろう。カッとなった私は大輔の襟首をつかんでしまう。

「とにかく相談室に来い！」そして、健吾のケアを駆けつけた他の先生に頼み、引きずるように教室から連れ出した。

三階にある教室から一階の相談室に向かって階段を降りるうちに、少しずつ冷静さを取り戻す。自分がこんなにカッカとしてはいけない。（いまにして思えば、教師という権威をかさに、より暴力的に振る舞ったのは私だ）

一歩一歩階段を下りながら指導の手立てを考える。相談室に二人で入るが、当然のように大輔はふてくされている。座らせても足を投げ出して横を向いたきりで私の方には顔も向けない。ようやく冷静さを取り戻した私は、静かに切り出した。

「大輔。健吾の鼻血みた時に、ヤベェ！　って思っただろう?」

さっきまでの剣幕で、強く叱られると思っていたであろう大輔は、口をとがらせながらもこくりとうなずいた。

「だよな！　大輔ほど、暴力でものごとは解決しないことを知っているやつはいないもの。そのことを誰よりも分かっているのは大輔だもんな」

「そんな大輔がカッとなって、健吾を殴ったのだから、それなりのわけがあるはずだよな」

少しずつ大輔の表情の険しさが薄まっていく。

丁寧に事情を聞いていくと、自分が受験しようとした高校を「偏差値が低い、バカの行くとこ」というような話をしていた健吾に腹が立ったのだという。

「そうかあ！　そりゃ頭にもくるわな。俺が大輔の立場だったら、殴らないにしても同じようなことをしていたかもしれない」

「そうそう、そもそも大輔は間違ってないというよりも、むしろ正しい。受験偏差値で高校の価値を決めるな！　行く高校の偏差値で人間の価値が決まるわけじゃない！　人間の価値はもっと多様であるべきだ！　ってことを主張したわけだろ？」

一瞬きょとんとしたが、すぐに真剣な表情に変わり「あ、そうか。そうかな、そうかも」と小さな声でつぶやいた。

「でもさ、大輔。その想いは伝わったかな？」

「いや、ダメじゃん」ぽつりと言う大輔。

「どうして？」

「だって俺、そんなこと言ってないし、殴ったし」

「そうかあ。じゃどうする？」

「謝るよ」

「エライ！　そうかあ、まず謝るのか。そうだよな、健吾だって殴られてすごく傷ついたはずだ。その傷は大輔以上かもしれないぞ」

「うん」とうなずいて大輔はこう言った。

「言えたらだけど、さっきせんせが言ってたみたいなこと、言えばいいかな？」

「大輔が、そう思うんだったらそうすればいいんじゃないのか？　大輔はすごく腹を立てたけど、健吾だってどんな気持ちで、そんなことを言ったのか分からないだろ？　健吾の気持ちも聞いてごらんよ。それも大事なことだよ」

落ち着きを取り戻しうなずく大輔。結局、そのあと保健室にいた健吾に謝罪し、クラスには私からトラブルに至った状況と大輔の想い、健吾の気持ちを全体に話した。

状況を洗い出していくと、実は大輔と健吾のトラブルは、彼らだけの問題ではなく、受験を控えてピリピリしているクラスみんなに共通したものだったのである。低学力で荒れた行動をとる大輔と、成績はいいが受験学力や偏差値という物差しで人を測る健吾。二人はコインの裏と表であり、それはクラスの子どもたちも同じであった。大輔の中に健吾がおり、健吾のなかに大輔がいる。そして、他の子どもたちの中にもそのような二人は存在しているのだ。

この時のことを思うと、今でも顔から火が出るような思いだ。カッとなって初期の対応を大きく失敗し、あやうく指導不成立に陥るところだった。しかし、ギリギリのところで軌道修正が出来たのは、私自身が「裏切られた！」とカッとしている自分ではない、もう一人の自分の存在にかろうじて気がつくことが出来たからかもしれない。

荒れる明美

下駄箱を蹴っていた明美は手のかかる生徒だった。U中一のヤンキーで、地域でも「有名」な存在だった。飲酒喫煙、下級生いじめ、授業中の徘徊など、中学三年になると逸脱行動はエスカレートする一方。とくに受験シーズンが本格化するとそれらの行動は激しさを増した。

私は明美の副担任。進路と生徒指導の担当としても、日常的に関わりを持っていた。彼女の荒れがエスカレートする原因は明らかだった。進路が見えない、将来に対する不安である。周りの子は、志望校を固め着々と進学の準備に取りかかっている。勉強嫌いの明美にそれはない。しかし、みんなと同じように「高校ぐらい」は行きたいと内心では思っていた。

高校訪問やハローワークでの就職相談などに何度か付き合い、行きつ戻りつしながらではあるが、ようやく彼女の志望が固まってきた。それは「美容師になる」ことだ。おしゃれな明美にぴったりな夢、よく考えたものだと感心したことを覚えている。幸い、すぐそばに定時制高校もある。進学しながら、美容師の道を目指すことになり、落ち着いた生活を送れるようになっていった。

ところが一一月のある日突然事件が起きる。ささいな事で、親とケンカして家を飛び出し、先輩たちとつるんで悪さをしたのだ。街を徘徊し、パトカーに石を投げて追いかけられ、最後には夜の学校に忍び込んだ。そして校舎の壁一面にスプレーで「世露死苦（ヨロシク）」だの「ＳＥＸ」だのそんな落書きをしたのである。発見されたのは翌日の朝。

子どもの中にいる子どもに呼びかける

明美と、そのつるんでいた友だち二人を相談室に入れて事情を聞こうとしたその瞬間。彼女たちによってドアの鍵は内側から閉められてしまった。中でタバコを吸う、暴言を吐いて怒鳴りちらすなど、指導の入る余地はまったくない。仕方なく、「開けるよ」と予告して、物理的にドアを開けようとした時、明美は二階から植え込みのある一階に飛び降りてしまった。

急いで下に降りると、足をひきずるようにして明美が立っていた。ともかく、怪我の治療が優先なので、保健室に連れて行く。幸い、怪我は軽いねんざ程度で緊急性は低かった。応急処置を受け終わった明美に、私は静かに、しかし強い口調で、こう切り出した。

「明美、何をやっているんだ。ようやくつかんだおまえの夢はなんだ。美容師になることじゃないのか。美容師っていうのは、人をより綺麗に、幸せな気持ちにする仕事じゃないのか。そのためにはおまえの手や足が必要なんじゃないか」

ふてくされながら横を向いている明美だが、それに構わずに話し続ける。

「あんなところから飛び降りて、もし手や足が不自由になったらどうするんだ。どんな悪いことよりも、自分の夢をぶちこわすようなことはもっと悪い。自分で自分の夢を壊す。そんなことは絶対にするな。壁の落書きは消せばいい。悪いことをしたら次からはしないと決めればいい。だけど、自分と自分の夢を大切にしないことだけは、先生は許さない。美容師になって、まだ会ったことがない誰かを幸せにする。それが明美の夢だろう」

最後にあえて大きな声を出した。

「違うのか⁉」

真横を向いてふてくされていた明美だったが、少しずつ話へ応答しはじめる。やがて落書きに至った経緯をぽつりぽつりと話し始めた。

最後に「これからどうしていこうか」静かに水を向ける。

「せんせ、悪かったよ。ごめんな、消すよ、落書き。そしてもう一回、マジメにやるよ」とつぶやく明美の瞳は涙で潤んでいた。

大輔や明美の言う「もう一回、今度は」。教師として、今まで何回この言葉を聞いたことだろう。子どもの「約束」や「もう一度」は、結果として裏切られることが多い。しかし、それは真の意味での「裏切り」ではない。子どもは無意識のうちに私たち大人が「信頼に足る他者」であるかどうか何度も試験観察にかけているのである。

隆信、大輔、そして明美。自分でもどうしようもないストレスや葛藤を抱え込み苦しむ子どもたち。トラブルを起こしその渦中にいる子どもは、一見まったく話が通じないように感じることが多い。しかし、そうは見えていても、子どもの中には「夢をもって、まっとうに生きたい」「幸せになりたい」という極めて人間らしい根源的な願いが隠れていることを忘れてはいけないだろう。そうした時に私たちは、苦しみながらも共に困難に立ち向かう「信頼に足る他者」として、子どもの前に立ち現れることが出来るのだ。

しかし、そういった大人たちの存在以上に大事なのが、次に述べる「共に生きる仲間（友だち）であり、それを保障する子ども集団」なのである。

マキへのいじめ

マキは知的障がいを持っていた。小学校時代から激しいいじめを受け、集団から排除されてきた子どもだ。両親のたっての希望で「普通学級」に進級することとなり、中一から私が担任することになった。読み書きや言葉には遅れがあるものの、おだやかでとても優しい子だった。

しかし、行動が遅く自己主張をしないマキに対しての嫌がらせ（掃除の時に机を片付けないなど）が起こりはじめる。あることないこと（噂）が、クラスに広まるにつれて忌避感情が蔓延《まんえん》していく。やがて「バカ」「毛虫女（縮毛で豊かな毛髪状態であったため）」などの悪口を言い始めるものも出てきた。

その中心にいたのが、恭一だ。恭一はいわゆるお調子者で、軽い言動で教室を笑わせるような存在だったが、その笑いにはいつもどこかに毒があった。ある日、マキがトイレで自分の大便を踏んでしまい、そのまま足裏につけてしまったことから「いじめ」は一挙にエスカレートしていく。

私はリーダーを呼んで事実確認を行い、さらに詳しい事情を知り、方針をつくるために班長会を開いた。そこで語られたことは、私がつかんでいる以上に深刻な事態であった。「バカ」「毛虫女」は、おもに恭一が言うものだったが、それをおもしろがり同調するものが予想以上にいたのである。今にして思えば、マキへの言動は、「知的障がい・女子・縮毛」という変えられない属性への差別（ヘイトスピーチ）であり、マイノリティに対する迫害（レイシズム）だった。放置しておけば、取り返しのつかない事態にエスカレートする危険性があり、事実そのような様相を呈していた。マキを守りケアし「幸せに生きる権利」を守ること、そしてクラス集団を差別や迫害を常態化した「社会」にしないためにも取り組まなければならない緊急な課題がマキへのいじめだった。何度か班長会を開き、リーダーとの会話を通して次のような方針を立てた。

・マキの気持ちによりそって、起こっている事実を確認すること
・それがなぜ起こっているのか考えること
・どうすればいいのか、意見を出し合うこと
・「いじめ」や「差別」を体験的に学習すること

事前に話し合いの流れと内容をマキの親に話し、マキ本人の了解をとった。そしてリーダーの司会によってクラス会議が開かれる。マキに対する言動が事実として語られていく。「毛虫女」や「バカ」という言葉が出された原因などにも話は進んだ。あらかじめ授業を振り替えて確保しておいた話し合いは一時間以上に及んだ。いじめの中心になった恭一が「もう言いません」と言ったところで話し合いは終わり〝一件落着〟を迎えようとしていた。そんな時、班長の愛莉が手を挙げ、意を決したように発言した。

「恭一くん、本当のこと言いなよ。恭一くんだっていじめられていたでしょ」

想像もしていなかったことだ。愛莉の発言を受けて、詳しく聞いていくと、恭一自身が小学校の高学年でいじめを受けており、不登校寸前に陥ったことがあったのだという。

ぼそりと恭一が言う。

「ぼく、また自分が、いじめられるの嫌で、マキを先にいじめてたのかもしれない」

いつもの軽い調子ではなく、小さな声で真剣に語る恭一の言葉に教室が静まりかえった。私自身もまったく知らなかった恭一の過去だった。

それは「いじめをした恭一が悪い。反省させなければならない」という加害者を一方的に断罪する論理を転換させた。恭一の行為の背景にあるものを見つけた時に、「恭一が悪い」から「恭一の行為・行動が悪い」という共感的世界が現れたのである。

そうこうするうちに「私もいじめられたことがあります」と数人の生徒が発言し出した。恭一はもちろんのこと、みんなでマキへの「いじめを止めよう」という方向に話し合いが収束する。そして「自身のいじめられ体験」を語る時間を設定することになり、クラス会議は終わった。次の日に開かれたクラス会議は、今までいじめられた体験を持つ生徒が五人、その辛かった体験を涙ながらに語る場となった。

最後は私の主導で「いじめを体験するロールプレイ」を行った。いじめられる子といじめる子、それを回りではやしたてる子という役割分担。いじめられる子の筆箱やノートを投げたり悪口を言ったりする演技が開始される。いじめられ役はクラスで一番威張っている翔平。最初こそ翔平自身もおもしろがっていたが、演技とは分かっていても一分後には、顔色が変わり始めて、本気で嫌がり始めた。

すぐにストップを命じて、それぞれの役割をした子どもたちの感想を聞く。翔平はこう言った。

「もうしゃれになんねえよ。最初はどうせ演技だからっておもしろがっていたけど。たった数分だけど、こんなのがずっと続いたら……」

私「続いたら？」

「俺、死んじゃうかも」教室に悲鳴が起きる。

いじめ主犯役の生徒も「最初だけ、おもしれえと思ったけど、翔平の顔が真剣になっていくにつれて、なんかやりづらくなった」という感想を述べた。

回りではやし立てる役の何人かは「でも真剣になっていく翔平がかわいそうだと思う反面、なんだか面白くなってきたかも」と発言。その後、いじめが起きる集団の構造を板書し、自分がどこに入るか整理していった。

「いじめられる子、いじめる子、はやしている子、見て見ぬふりをする子、それをおかしいと思って注意する子、そして何がおきているかも知らない（無関心な）子」。それぞれ自分がどこに位置するのか当てはめて、どうしたらいいのか考えていった。恭一のいじめという行為と自分の言動がいかに関連していたか、ここにきてはっきりと分かったのである。

マキはクラス会議が終わった放課後、私のところにトコトコとやってきて「せんせえ、ありがとう」と小さな声で言った。〈3年B組金八先生　第四シリーズ　第三、四話「いじめの輪」「いじめ問題大討論会」一九九五年　TBSにてドラマ化され放映（小山内美江子『3年B組金八先生　朝焼けの合唱』高文研）に同シナリオ掲載〉

マキへの差別的言動は、その後影を潜め、やがて秋に行われた体育祭の全員リレーでは、体育祭実行委員になった恭一が中心となって、バトンゾーンを短くするなど、速く走れないマキをフォローする作戦が考えられた。マキはその後、特別支援高等学校に進学し、今は「障がい者雇用枠」(注10)で採用された大手外食店の厨房で生き生きと働いている。

この「いじめ事件」を本質的な解決に導いたのは、（恭一の）いじめられた体験を話すことを促した愛莉の発言である。それを引き出したのはリーダー集団で練ったプランを元に、クラス全体で行った話し合いだった。私に「いじめた奴が悪い」から「いじめる行為・行動が悪い」という転換をはかることの大事さを教えてくれたのは、子どもたちだった。

マキに体育祭リレーで適切な配慮をしたのは恭一だが、それを後押ししたのもクラス集団である。子どもたちの集団は本来そのような力を持っている。実際の現場では、カウンセリングなどの個別指導が必要なことも少なくないが、討議討論の指導をベースにした「集団づくり」と呼ばれる集団に働きかける教育手法が有効なのである。

子どもは友だちの中で生きるに値する自分を発見し、明日に向かって歩くものだ。そのような関係性が、支配と被支配の関係になってしまったのが現象としての「いじめ」であり「差別」なのである。

関係性――ペックナンバー

「いじめ」や「差別」などの問題は人と人との関係の中で起きるネガティブなものである。とするならば指導の課題は、ネガからポジへ（逆立ちした）関係性をひっくり返していくことになる。いじめの加害者を罰することや被害者を守るために、加害者に一時的登校停止などの処分を課すことも場合によっては必要だろう。しかし、それだけでは本質的な解決にはならない。

元家裁調査官の浅川道雄氏はイジメ現象を動物行動学「ペックナンバー現象」から説明している。ペックナンバーとは動物がくちばしで他を突っつく順番を言う。狭いニワトリ小屋へたくさんのニワトリを追い込むと、最初は大騒ぎになるが、次第に静まってニワトリの中に一定の秩序が生まれる。群れのトップに君臨し、弱いものを突っつくことが出来る王様ニワトリから、自分以外のすべてのニワトリから突っつき回されて、決して突き返すことが出来ない底辺のニワトリまでの垂直的な順位が生じて集団は「安定」する。しかし、最底辺のニワトリは他のニワトリのすべてのストレスのはけ口として突っつき回され、一日も持たず全身血みどろになって死んでしまう。

解決のために、突き回す「悪い」王様ニワトリを罰し、よそのゲージに移したところで、二番目のニワトリがその地位につき、殺されたニワトリの代わりに底辺から二番目のニワトリが自動的に最底辺に位置するのみで、その悲惨な構造(関係性)は何も変わらない。

しかし、ニワトリを狭い小屋から出して野飼いにすると、ペックナンバー現象は姿を消してしまうという。この現象はいじめを生み出す空間を解き放ち、「集団」そのものを丸ごと変革する必要があることを示唆している。

学校内でのいじめが、いじめっ子たちの周囲の生徒に黙認されることによってエスカレートするように、レイシズムやヘイトスピーチもそれを黙認する社会的土壌があるからこそ存続し、増幅されるのである。(塩原良和『ヘイトスピーチと「傷つきやすさ」の社会学』SYNODOS)(注11)

共に生きる世界を

いじめは、前述したとおり教室や部活動といった閉ざされた空間（集団）で発生しやすく、支配と被支配という権力関係の中で起きる。その要因は複合していることが多い。ニワトリが狭いゲージに閉じ込められてストレスを抱えたように、子どもたちも能力主義的価値観の中でストレスを丸ごと抱える。恭一のマキに対するイジメが自身のいじめられ体験から発生するように「被抑圧者が抑圧者に転化する」場合もある。また、いじめや差別をおもしろがってしまう「残酷」な心象が人にあり、それを商売にする市場（market）も存在する。このようにイジメの原因は複合し重層的であるゆえに、簡単に解決できるものではない。

しかし、いずれにしてもそのネガティブな関係性を組み替えることが出来るのは、そこに住む子どもたちであり、それを助けるのが私たち大人である。いじめが常態化している教室を放置しておけば、子どもを死に至らしめることもある。いじめの被害者が突然、加害者に暴力的な反撃を試みることもある。どの子どもも心にぬぐいがたい傷を負ってしまう。いじめの真の恐ろしさは、被害者のその後の人生に否定的な影響を及ぼし続けることにある。

いじめられ体験があるタレントの中川翔子はブログの中で（いじめは）「遊びのつもりだった？そんなことがまかりとおるなら暴行恐喝など世の中の犯罪も遊びで済まされることになる（中略）。遊びだったというなら同じ目にあってみろと言いたい」と激しくいじめ行為を糾弾している。(注12) さらに、中川はいじめを考える討論番組[注13]で、同じようにいじめられ体験を持つ内藤大輔（元ボクシング世界チャンピオン）と共に、いじめの解決には「警察の介入」や「厳罰化の必要」についても肯定的な発言をしている。その主張は彼らの負った傷の深さと（学校という現場で）いじめを解決出来なかった悔しさと教師への不信を含む〝無力感〟による半ば当然のものではないだろうか。

　よって私たちは、関係性の組み替えがどんなに困難であっても、子どもの世界に介入して、「共に生きる世界」をつくり出す指導を進めなければならない。私たちは子どもたちが自分たちの手で、共に生きる世界をつくり出すことを「自治」と呼んできた。そのサポートをすることが教師のもっとも重要な役割なのだ。

　激しい競争と管理にさらされていたとしても、子どもたちは本来、関係性を組み替え、共に生きる世界をつくり出していく力を持っている。体育祭、文化祭、合唱コンクール、旅行行事、クラスレク、係活動、当番、班活動など学校にはたくさんの「活動」がある。それらを、見かけの成績や数値、出来映えを最優先し、成果が見えないと価値がないとする「成果主義[注14]」で機械的にこなすのではなく、子どもたちが共同し助け合い、時には起きうるトラブルやいさかいを話し合い、解決していく道筋が「いじめ」「差別」を乗り越える王道なのだ。

　この道はいじめを解決し、子どもたちが安心して暮らせる教室をつくるという意味にとどまらない。子どもたちは問題を解決する経験を通して、「（自分たちの手で）社会は変えられる」という実感を持つことが出来る。つまりそれは、シニシズムや無力感にとらわれることなく、社会の問題や矛盾の解決に立ちむかう民主的主権者としての力と勇気を持つ大人になることとイコールなのである。かつて学校は「民主主義の学校」と言われたように。それこそが教育の本質的役割であり、次章で述べる希望としての教育である。

（注1）自我が芽生えてきて「自分の内側にあるもう一人の自分」を意識するようになることから始まる。自我ができてくると、ただ単に、生物として生きてきただけのそれまでの自分とは異なり、自分を見る自分が存在することで自分についての認識が深まるとともに自分の外の世界をもあらたな視点で見ることができるようになってくる。その際、古い自分をスクラップし、新しくビルドすることになるため、「出産」に似た苦痛を伴うとされる。時期的には思春期が該当する。

（注2）発達上の重い課題（kadai）、苦悩（kunou）を背負わされた子どもへの愛称であると同時に、実践論の中心になる共感（kyoukan）、共闘（kyotou）、共生（kyousei）のイニシャルでもある。（京生研代表・滝花利郎）

（注3）リーダーの指導は必ずしも優れたリーダーを作ることを意味しない。リーダーを支え、独裁や専横などがみられる場合は、進んでそれを改廃するフォロワーの育成が重要になる。

（注4）とは言うものの、大人もまた完璧ではなく、未完成で発達し続ける存在であると思う。

（注5）学校で教員に割り当てられる役割をこう呼ぶ。校務分掌は「生徒指導主任」の他に「進路指導主事」「特別活動主任」などがある。

（注6）指導が入らず言うことをきかない「教師にとっての困った子ども」は、その「子ども自身が一番困っている」のだという視点を持つ必要がある。

（注7）新しく赴任した教員は、大概の場合、始業式や入学式で全校生徒に紹介される。

（注8）うるせえ→俺のこと分かってよ。あっちいけ→ちゃんと見てくれ。など

（注9）一九一七年一月五日―二〇一〇年五月二六日、教育学者、千葉大学名誉教授。

（注10）「障害のある人が障害のない人と同様、その能力と適性に応じた雇用の場に就き、地域で自立した生活を送ることができるような社会の実現を目指し、障害のある人の雇用対策を総合的に推進（厚生労働省ＨＰ）」されている雇用枠。

（注11）http://blogos.com/article/71693/?axis=&p=3（二〇一四年二月一五日確認）
（注12）http://www.cinematoday.jp/page/N0044139（二〇一四年二月一五日確認）
（注13）マイケル・サンデル白熱教室「十五歳の君たちと学校のことを考える」（ＮＨＫ　二〇一三年九月放映）
（注14）成果主義とはそもそも企業において、業務の成果のみによって評価し、それに至るまでの過程（プロセス）は無視して、報酬や人事を決定することであるが、学校現場だと部活動の成績や進学率、いじめ克服率などが成果とされることが多い。

第Ⅳ章

教育の希望

——暗闇（ダークサイド）から希望のベクトルへ

あすなろ学級のこと

教師や大人は、子どもたちが「共に生きる世界」を作るサポートを通して、自分たちの社会の有り様を見直す。それは大人自身が生きるに値する新しい世界を再構築することでもある。子どもを励ますことで、励まされ、新しい世界を発見するのは他ならぬ大人なのである。近隣の中学校教師、奈良毅彦先生が書いた学年通信を紹介しよう。

今から一〇年前、G中学校の特別支援学級「あすなろ学級」の担任をしていたことがあります。毎年体育祭で「あすなろ学級」の生徒はそれぞれの交流学級（注1）のクラスの生徒として、種目を選んで参加してきました。しかしその年、あすなろの生徒たちが「あすなろ」としてみんなで走りたいという意見を出してきたのです。その年のあすなろ学級の生徒は一組と二組を加えて合計一〇名。他のクラスの全員リレーと競い合うことは人数的にできません。そこで考えたアイディアが「部活動対抗リレーで一緒に走ろう」ということでした。

部活動対抗リレーは、それぞれの部活動の代表八名が男女の部に別れて競い合います。その女子の部の中に、あすなろ学級が参加させてもらおうという考えです。このアイディアは女子の運動部員たちに、微妙な問題を提示しました。G中の部活動対抗リレーは、毎年各選手が本気になって走ります。バトンこそ、各部活動で用いるラケットだったり、ボールだったり、さまざまなのですが、決して遊び半分の競技ではないのです。その中であすなろ学級が走れば、当然のことながらトラックを一周遅れ、二周遅れになってしまいます。

あすなろ学級には、脚の不自由な女の子が一名。走り出すとまっすぐには走れない子が二名、そのほかの子も、通常学級の生徒のように速く走ることはできません。八名のコースを一〇名で走るのですが、どう考えても、最後にはあすなろ学級だけが走っている姿を見せることになります。

当時、私が顧問を務める女子テニス部の部長は文香さん。中学生としては数少ない大人の見識を垣間見せる優秀なリーダーでした。その文香さんが私に尋ねました。「先生、あすなろさんが部対抗リレーで一緒に走るって聞いたんですが、本当ですか？」「そうだよ、でも、あまり気にしなくてもいいよ。毎年のとおりにやってくれれば、それでいいよ」文香さんは、私の答えに少々困ったようすで少し考えていました。

体育祭の当日、部活動対抗リレー女子の部でおもしろい光景が見られました。女子テニス部は、例年のとおり、ラケットを持ってスタートしました。そのラケットがバトンの代わりになるだろうと誰もが思います。ところが第二走者もラケットを持っています。第二走者は、ラケットを二本持って走り、第三走者は三本持って走ります。女子テニス選手の走る速度は、走者が替わるごとに、少しずつ遅くなっていきました。しかし、決して力を抜いている訳ではありません。全走者とも必死の形相で走っています。

最終の第八走者にいたると、両腕で八本のラケットを抱え、それを落とすまいと一生懸命です。その前の第七走者は、一度は全部落としてしまい、それを集めて抱えなおすのにかなり苦労していました。もちろん、最終走者は文香さんでした。そしてその後ろを「あすなろ学級」が迫ってきます。ゴール前の直線で二人のランナーは並びました。しかし、ゴールの直前で文香さんは、「あすなろ」の最終走者を振り切って先にゴールしました。

見ていた生徒や保護者からは大きな拍手が湧き起こりました。その拍手は、一人孤独に走っている最下位の選手に贈られる拍手ではありません。最後にデッドヒートを演じた二人のランナーに対する賞賛の拍手です。

私は「あすなろ」の担任として、文香さんに心から感謝の拍手を贈りました。彼女は、さまざまな思いに悩んだ末に、あのようなアイディアを考えついたのでしょう。第三者は、彼女の行為に対して、様々な異論を差し挟むかもしれません。ですが、私は彼女の純粋なやさしさに好感を持ち、深く思い悩んだ末に考えついたあの工夫に、素直に感動しました。

彼女は、その後「先生、どうでしたか？」などと決して聞きませんでした。私は体育祭終了後の最初の部活動の練習日に、ただ何気なく「ありがとうな」と告げました。文香さんは、照れくさそうに、少し微笑んだだけでした。（G中二学年通信　二〇一三月九月二日）

人は共感性を持ち生きる

「あすなろ学級が部活動対抗リレーに出ること」を知った文香は、部のみんなにそのことを話したのだろう。それを受けて、テニス部の子どもたちは次のような話し合いをしたに違いない。

「あすなろ学級は確実に周回遅れのビリになり、最下位の選手に対する励ましの拍手が贈られるはずだ。それでいいのかな」

「元々走る力が劣っているのだから、仕方がないことなのかな」

「そもそも、同じステージに立つこと自体が無理なことではないの」

「それを選んだのは、あの子たち自身なのだから、そのままでいいのではないか」

「そういう考えでいいのだろうか。私たちは果たしてどうしたらいいのか」

部員にはいろいろな思いや考えがあったはずだ。そしてそういった話し合いの末に生まれたのが「ラケットが増えるバトンパス」のアイディアだったのだろう。奈良は「彼女の純粋なやさしさに好感を持ち、深く思い悩んだ末に考えついたあの工夫に、素直に感動しました」と述べている。

奈良の言う「やさしさ」とは何だろうか。優しいという漢字は、人＋憂　である。憂いとは「他者を心配し心を痛めること」であり、その人の身に起きうるであろうことを心配し配慮することである。そしてそれは人そのものを憂うという見かけをとりながら、憂うべきことの原因となる背景にある「もの、こと」に思いを寄せ、時にはそれに介入することを指すのではないか。つまり「真の優しさは厳しさを伴う」と言われるように、優しさとは単なる同情や憐憫《れんびん》の情ではないのであろう。

それが出来るのは「共感」という感情が人間に備わっているからである。この感情があるからこそ、人は人たるに値する。人がいじめやレイシズムというダークサイドに陥る時に、決定的に不足しているのがこの共感性なのである。

文香と部活動の仲間たちは、あすなろ学級の子どもたちの気持ちや立場に「共感」し、単なる哀れみや同情を超えた「共に生きる世界」を同じフィールドで実現しようとした。ハンディキャップ(Hand in cap) の語源のとおりである。(注2)

奈良はそんな文香を「中学生としては数少ない大人の見識を垣間見せる優秀なリーダー」と表現した。確かに昨今、文香のようなリーダーを教室で見かけることはほとんどない。

大人であってもこういった行動がとれる人がどれだけいるだろうか。しかし、文香ほどではないにしても、私たちの周りに、照れくさそうに、少し微笑むだけの「文香」は必ずいる。だからこそ文香たちの「やさしさ」＝共感性に深く心を動かされ、記録として残した奈良の教師としての感性にまた学ぶところは多いのである。

「差別を止めよう！一緒に生きよう、一緒に歩こう！」をコールする参加者。写真提供：People's Front of Anti Rasizm JAPAN 撮影：島崎ろでぃー（注5）

東京大行進――キング牧師の夢

「共に生きる世界」の実現は容易ではない。しかし、だからこそ、それを目指す動きは国内外で盛んに起きている。二〇一三年九月二二日。東京新宿にある西口公園ゲートは、多様性を意味するレインボーの風船アーチで彩られていた。同年七月一四日に大阪で行われた「OSAKA AGAINST RACISM 仲よくしようぜパレード」への連帯をベースにしながら、人種、国籍、ジェンダーその他の偏見の範疇に基づくすべての形態の差別に反対するデモ。それが「差別撤廃東京大行進（注3）」であった。

まだまだ残暑模様の公園には、デモというよりもパレードと呼ぶにふさわしいどこか華やかな雰囲気が漂っていた。主催者の挨拶に続いて、いくつかの梯団《ていだん》に別れて「東京大行進」はスタートした。在日コリアンだけではなく、ＬＧＢＴ（注4）や心身にハンディキャップを持つ人たちなど、あらゆるマイノリティ差別への抗議を含め「共に生きる社会」をアピールして行進した。

サウンドカーに乗り手を振るドラッグクイーン（LGBTと呼ばれるセクシャルマイノリティ・注7）「ぼくらはもう既に一緒に生きている（We're already living together）」のプラカードを持っている。
撮影：島崎ろでぃー

この年は、アメリカ合衆国の首都ワシントンで行われた人種差別撤廃を求めるデモ「ワシントン大行進（The Great March on Washington）一九六三・八・二八」からちょうど五〇年にあたる。ワシントン大行進は、リンカーン大統領の奴隷解放宣言から一〇〇年たったことを機に「自由と職」をテーマにリンカーン記念堂の前で行われたものであり、公民権運動のピークとなった。この時スピーチされたマーチン・ルーサー・キング牧師の「I have a dream」はあまりにも有名である。この行進をきっかけとして、人種差別を禁じた公民権法や投票権法の制定が実現していくのである。

それに敬意を示すため、第一梯団はキング牧師たちに習い、ブラックスーツのドレスコード。その後には思い思いの服装や手作りのプラカードを持つ参加者が、新宿の街を行進した。サウンドカーに乗った「ATS」や「悪霊」（共にラップミュージシャン）のコールに合わせ、「仲良くしようぜ」「一緒に生きよう」のシュプレヒコール。後続のブラス隊は「We shall overcome（邦題：勝利を我らに）(注6)」を奏でる。シニア層から学生、子どもも含め、総勢三〇〇〇人ほどの大パレード。

沿道から手を振り声援を送る人たち。途中から飛び入りで行進に加わる人たち。政治的な立場や考えの違いを超えて行進する人たちの願いはただひとつ「差別がない共に生きる社会」の実現だ。行進のスローガンは「日本政府に人種差別撤廃条約(注8)の正式な履行を求める」それのみであった。

参加者の中には、新大久保や大阪などでヘイトデモへの抗議活動（カウンター）をしている人も多く混じっていたが、カウンターの時の険しい表情とは違い、ほとんどの人が晴れやかな笑顔を浮かべていたのが印象的であった。

「私には夢がある。いつの日か、私の四人の幼い子どもたちが肌の色ではなく、人格そのものによって評価される国に住むこと」キング牧師の残した願いと夢は、いまだ途上にある。しかし、時を超えた遠い異国の日本でもそのメッセージは、私たちの胸に深く刻み込まれている。このパレードに参加していた子どもたちや若い世代の姿。その様子を学生たちに話した時の輝いた顔、それによって勇気づけられたのは他ならぬ私であった。

人の命には必ず限りがある。しかし、人が残した道理と正義は「文化的遺伝子（meme）(注9)」として、私たちの社会に生き続けていくのである。道理と正義が正しく受け継がれるために必要なものは、共に学び合う姿勢であり、だまされない知性を獲得することである。

道理と正義は消えない――若者たちの姿

日本の学校は数値と実績を最重視する成果主義に覆われ、子どもたちや青年は先行き不透明な社会で生きていかざるを得ない。そのために自身のキャリアを獲得する競争に追い立てられている。それらの競争からこぼれたものは、非正規雇用など企業にとって都合の良い使い捨ての労働者として生きていく従順さを強要されている。(注10)

しかし、どのように人々を支配しようとしても、人の世の道理と社会の正義まで制御することは出来ない。不十分であったとしても、戦後脈々と受け継がれてきた「平和と民主主義」の灯火は、どんな力を持ってしても決して消えない。

二〇一三年「特定秘密保護法」が国会を通過した。(注11)その前に、法案の危険性をみんなに知らせようというツイッターの呼びかけで総勢五〇人ほどの「フラッシュモブ(注12)」が行われた。以下は、それに参加した鈴木梨紗(当時・獨協大学四年)のＳＮＳ(ソーシャルネットワークサービス)投稿である。

秘密保護法案周知のフラッシュモブに行ってきましたん。

各自色々な格好で二分間ずつ止まる(もしくは死ぬ)、ということをしながら原宿から渋谷まで(音なきノイズとして)お散歩しました。

通行人の中学生の男の子が「ああ、これはもちろん反対。」と友達に言っていたのが印象的。

（知ってるのが当たり前ではあるけど、便利すぎて若者が思考しないと言われてるのにッ……！）
でも「これ宗教？」とか「秘密保護…なに？　それ？」って言ってる人も多くて、関心の低さにガーン。主にわたしくらいの年代。団塊より長生きするくせにコノコノォッ！（失言）
多くの外国の方は、「この法案の内容はなんなの？」とか聞いてきて（英語勉強しててヨカッタ）少しでも知ろうとしてくれた
知らないことは恥ずかしくないんだよ、聞けばいいいんだよ調べればいいいんだよ。思考停止が一番恥ずかしい。
この法案は、特に何も考えず「ビールさえあれば生きていけるぜ」って人には関係ないかもしれぬ
でも、私も含めて好奇心の塊で何でも知りたいって人は、もっと危機感持ったほうがよいよ。知ろうとしただけで逮捕の理由にはなるよ。そして、「何を知ろうとしたからいけないのか」は教えてくれない。対策のしようもない。もちろん卒論もテーマ選びは慎重に、となるわけです。ブロガーさんも気を付けて。
飲み会のお誘いは「そ、卒論！」って散々断ってるけど、デモやフラッシュモブには参加しております。自分の中の優先順位では、卒論より、こっちの方が大事だと思った。わたし、あと七〇年生きるつもりなので。飲み会はその後。あと、七〇年あるので。すまんなり。
二六日には絶対採択しちゃうんだろうな、とか思ってたけど、この間のデモの成果？　まだ

チャンスはありそう。（デモの時も国会議員で、表に出てきてくれる人の少なさにボーゼンでござる。秘密守って民守らず。）

わたし低能だし（ホラ漢字間違えちゃうし）全然難しいこと考えてないんだけど、とりあえず知りたいことは知りたいし（安倍首相のマイレージどれくらいたまってるか気になるし）、なるべく逮捕されたくないし（猫のウンチ掃除する人いなくなるから）、戦争したらディズニー破壊されそうで嫌だし、そんな不純な理由から反対してるわけだけど、これで少しでもぐぐる人増え(注13)たらなあなんて思います。

facebookの更新はわたしの優先順位の中で卒論よりだいぶ下位のランクなので作業に戻ります。フヒヒ

今夜の晩御飯何がいい？　って聞かれて何も言わない人には、どんな料理が出てきても文句言う筋合いないんじゃないの、ってそういうことですよ

鈴木は高校時代までは、政治や社会にそれほど関心があるわけではなかった。大学で教育に関する学びを重ねる中で「教育と社会」が、わかちがたく結びつき、それを無視して教壇に立つことはあり得ないと気づいたという。

「今夜の晩御飯何がいい？　って聞かれて何も言わない人には、どんな料理が出てきても文句言う筋合いないんじゃないの、ってそういうことですよ」

この最後のフレーズは、キング牧師の言葉を彷彿《ほうふつ》とさせる。

問題になっていることに沈黙するようになったとき、我々の命は終わりに向かい始める

Our lives begin to end the day we decide to become silent about things that matter.

キング牧師は「沈黙は裏切りである時がきた」とも言っている。鈴木がそれらの言葉を知っていたかどうかは分からないが、若者らしい瑞々しい感性で日本社会が向かおうとしている路線に危機感を持ち、自分の意志を表明している。実はこういう思いを抱くのは鈴木だけではない。社会に関心を持ち、その矛盾に疑問を呈する学生はＳＡＳＰＬ（特定秘密保護法に反対する学生有志の会）の活動が示すように決して少数ではないのだ。特に何も考えず「ビールさえあれば生きていける」という若者が多数派ではない。仮にそうだとしても、彼らは働きかけによって必ず社会に目を向ける。その証拠に、大学でヘイトデモや差別に関する社会問題を取り上げた時の学生の反応は鋭い。いささか手前味噌になるが、最後の授業（二〇一四年一月）で学生たちが書いてくれた感想をいくつか紹介したい。

セクシュアリティとジェンダーの内容が印象的だった。このテーマは扱うのが難しいけれど、生きる上でとても大切なことだと思う。特に「性は二分法ではなく、グラデーション」という

言葉が鮮烈だった。私は、同性愛者や両性愛者に対して、特別な差別意識は持っていないつもりだったけど、やはり自分たちとは違う人たちという意識はあったと思う。ＬＧＢＴもそうでした。だけどグラデーションという言葉を聞いて、うまくは言えないけど自分の考えは浅かったと気づかされた。現代は以前と比べたらいわゆる「オカマ」とかが受け入れられているけど、それはキャラとしてであって、本当の意味で人として受け入れられているとは言い切れない気がする。本当の意味で性的マイノリティの方たちが、普通に暮らせる社会にならなければと思う。ヘイトスピーチへのカウンター活動や秘密保護法をめぐる動きなど、この授業は、自分の中にはなかった新しい考え方や知識を学ぶことができた。本当に感謝しています。当たり前にこれからは自分自身が社会の一員にならなければなあと思っています。半年間ありがとうございました。（もっと長く受けたかったなあ。もっとこういう授業が増えれば大学は楽しいところ、学び舎になるのになあ）

この授業でみた３・11の映像ですが、地震警報のアナウンスで身体がびくりと反応し、鮮明にあの日を思いだしました。ニュース映像から目をそらしたい自分に気づかされました。アメリカ文学を代表する黒人女性作家トム・モリソンは、作品の中で「アメリカ人は国家的記憶喪失に陥っている」と主張し、我々は奴隷制度という目を背けたくなる歴史を忘れてはいけないと言っています。私が、スクリーンから目を背けようとした時、彼女の言葉を思い出しました。

もちろん原発などはそれ自体も問題ですが、忘れてしまうこと！　それが一番の問題なのだと思います。先生がよく言われた言葉「社会は一人一人の意識でつくられている、だから学ぶんだよ」をモリソンの言葉と共にずっと胸に抱いていきます。

全一四回の授業で「知らない」ことがどんなに恐ろしく恥ずかしいことなのか分かりました。紹介された、ガンジーの名言「明日死ぬと思って生きなさい。永遠に生きると思って学びなさい」の意味が明確になりました。「頭のいいバカは知識があるだけで知恵がない」とある本に書いてありました。社会には貧困や格差、差別など様々な問題があります。私はそれらを解決するための知恵を今後もこの大学でたくさん吸収すると決意しました。それが先生への最後のコメントです。

成果主義の問題点について、授業でずっと取り上げられていましたが、一四回の授業とこのテストを受けて、なるほどこれが、成果主義に対する先生の答えなのか！　と思いました。先生から頂いた資料や映像、情報はすべて私の役に立つものでした。特にヘイトスピーチに関してはほとんどなにも知らず。私も行動しなきゃ！　と深く考えることが出来ました。先生と「出会えて」本当に良かったです。出会いは物理的なそれではないよ。と教えてくれたのも先生でした。ありがとう。

社会問題に関して興味があるのは大学生に限らない。小中高でも同様であろう。原発問題や環境問題など子どもたちが知りたがっていること、学びたがっていることは大人が思っているよりずっと多い。

先日SNSを介して二〇年ぶりに交流を果たした、A中時代の教え子の望田は、マンデラ氏死去のニュースを見て私にわざわざメッセージをくれた。

「渡辺先生。社会の授業の時に見たマンデラ大統領のスピーチ。レインボーネーション(注14)をまだ覚えています」

二〇年前の授業内容が、彼の記憶に残っていたのである。驚くと同時にうれしいメッセージであったことは言うまでもない。

私たちの子ども

一〇年二〇年そして一〇〇年経った時に、私たちの子孫は私たちがどんなことをしたか、しようとしたか、きっと知るだろう。「おかしい」と思う現実に流されていくのではなく、それに対抗する言葉と思想、行動する身体を持ちたいと思う。

おかしさの正体を一人で解明できなければ、共にそれを語り合う時間と空間を確保しよう。原発の再稼働が叫ばれ、憲法九条の改廃が公然と語られるこの世の中は決して明るくないように私は

東京大行進で「K-ぽぺん 勇気をありがとう」のプラカードを掲げる参加者。写真提供：People's Front of Anti Rasizm JAPAN　撮影：石田昌隆（写真家）

感じている。それはしかし、社会が進歩すれば反動も必ずあるということなのだ。否定の中に肯定を見よう。希望のベクトルは必ず見つかるはずだ。いや、そこここに、目の前の子どもたちと私たち自身の中にすでにある。

二〇一三年、ヘイトデモを止めようと、社会的階層や思想のあれこれを超え多くの人たちが抗議活動（カウンター）に立ち上がった。あまり知られていないことであるが、このきっかけは、地方に住む一人のＫポペン（Ｋポップ・ファン）の女子高校生だった。[注15] ツイッターで新大久保を中心に差別デモが行われていることを知った彼女は「大好きな人が傷つけられるのは許せないし、守らないといけない」と書きこみ、デモの主催者に抗議のメッセージを送った。これを知った大人たちが「ＪＫ（女子高校生の意）だって勇気を持って抗議している。大人が黙っていてどうする」というツイートをし、その後の動きにつながったのだという。

日本高等学校教職員組合が発表した高校生一万人憲法意識調査結果（二〇一三年四月一九日）。「憲法九条についてあなたはどう考えますか」との問いに、六三％が「変えない方がよい」と答えている。「憲法九条は戦後の日本の平和のために役立ったと思いますか」に対して、六八・二％が「はい」と回答している。これらのことから、高校生は憲法九条が戦後の平和な日本を支えていると実感していることがわかる。「いいえ」と答えた生徒はわずかに四・三％である。

そして「戦後、日本が平和であり続けた理由は何だと思いますか」に対して、四二・六％が「日本国憲法があるから」と答えているのである。これは「日米安全保障条約があるから」の二八・九％を大きく上回る数字であり、「自衛隊があるから」をあげた生徒は八・三％にとどまっている。さらに徴兵制に反対する生徒は七三％にも及ぶ。

改憲が堂々と語られ、大手メディアや反動的な「保守」層によって歪められ続けてきた社会情勢の中にあってなお、高校生たちの感覚はまっとうである。そして動き出す一〇代も大きなニュースになった。

秘密保護法：いやだ！　U―20（アンダー二〇歳）デモ渋谷や原宿で四〇〇人

特定秘密保護法の廃止を求める一〇代の若者が呼びかけた「秘密はいやだ！　U―20デモ」が二六日、東京都内であった。参加者約四〇〇人が渋谷や原宿の繁華街を歩きながら「選挙権はなくても一〇代が政治を動かそう」「秘密保護法の危険性を身近に感じて」と訴えた。毎週

デモの先頭を飾る10代たち。「秘密はいやだ！　U-20デモ」2014年1月26日　写真提供：秋山理央（フリーランス映像ディレクター・カメラマン）

金曜日に首相官邸前で開かれている脱原発の抗議行動で知り合った練馬区の大学一年、長島可純（かずみ）さん（一九）と武蔵野市の高校二年、柴野風花（ふうか）さん（一七）らが企画。昨年一二月の同法成立翌日、安倍晋三首相が「嵐が過ぎ去った」と述べたと聞き「もっと嵐を起こそう」と立ち上がった。長島さんは「少しでも関心を持ってほしい」と、特定秘密の範囲が広すぎることなど問題点を紹介したビラを用意。高校の制服姿の柴野さんらが「街の皆さん、みんなの声で秘密保護法をなくそう」と声を張り上げ、買い物客たちの注目を集めていた。（毎日新聞　二〇一四年一月二六日）

そしてまた小学生だって立派な社会の一員である。

みんなと
たのしく　あそべてこそ
へいわだよ！

じぶんだけがいい
へいわなんてないよ！
せんそうは　にせもの
へいわは　ほんもの！
（二〇〇九年「京都平和のための戦争展」感想文　小学四年・女子）

伊藤真紀（埼玉・中学校養護教諭）は、保健室で関わり続けたリュウジ（自閉症傾向を持ち、親をふくめ周囲とのトラブルを繰り返してきた卒業生）についてこう報告している。

私立S学園に進学し、その後訪ねてきた彼が言ったことはまず三つの校訓でした。「①仲間をつくる　②認め合う　③排除しない」不登校の生徒も多いので朝から登校するリュウジくんは大変活躍し、毎朝のように先生たちと駅掃除のボランティアをしているようです。通りかかる人達からたくさん声をかけられそれが何より嬉しいのだそうです。期末テストでは八〇点をとり、はじめて親にほめられました。そして彼は私にこう言うのです。「人生はそれほど難しくない。思っていたよりも簡単なことだとわかりました」「いいことをすればいいことばかり起こるんです」

私は彼が学校に来る度に三つの校訓を言ってもらいます。もちろんリュウジくんはそれを暗記していて毎回スラスラと。「仲間をつくる　認め合う　排除しない」と言ってくれるのです。こういう三年間の中で彼の自尊心の回復と発達が保証されることを願ってやみません。（伊藤真紀『二〇一〇あすなろサークル例会』三分報告）

伊藤は、後にヘイトデモをする人たちを見て「ああ、リュウジくんこそ、中学の時のままだったら、あっち側に持っていかれたと思う」と言った。(注16)

これらの事例は、教育の可能性と希望を示している。それは子ども、若者が社会の希望であることと同意義だ。このような子ども、若者たちは私たちの教室に廊下に体育館に街角に至るところにいる。その確信を持つことが、いじめ・レイシズムを乗り越えるための確かな光となるのだ。

乗り越えるために――共感的・共闘的な他者

五段階の「憎悪のピラミッド」は、「人種的偏見、偏見による行為、差別、暴力行為、ジェノサイド」で構成されていることを述べた。各地で行われているヘイトデモとヘイトクライムを見れば、この国はもはや憎悪の四段階まで達している。そして教室で起きているいじめや差別はすでに多くの子どもたちの命を奪い、多くの教師を精神疾患に追い込んでいることから考えれば、すでに最終段階に差し掛かっているとも言える。

そのピラミッドの段階を引き下げ、ピラミッドそのものを改廃するために必要なことは山のようにある。たとえば、それは騙されない知性や確かなリテラシーを持つことであり、共同で学ぶことであり、集団での活動を組織することであり、トラブルを乗り越える話し合いを組み立てることである。

そして、子どもの中にいる「まっとうに生きたい、幸せを求めるもう一人の自分」との対話を進め、優しさは時に厳しい要求であることを知り、子どもと共に社会の矛盾と問題について考え、「もうひとつの物語」を読み拓き、紡ぎ出すことである。繰り返すが、いじめる子、荒れる子にはわけ（背景）がある。レイシズムに傾倒し、ヘイトスピーチをする人たちにも彼らなりの背景がある。

傷つけられた感情（第Ⅰ章に出てくる「外国人犯罪撲滅協議会」の代表を務めるA氏のように）や（鶴橋の少女のように）自己承認が逆立ちしたケース。リテラシーの低さからありもしない「在日特権」を信じてしまうこと。

そして他者を攻撃することでしか自分の存在を確認できない心情の人もいるだろう。自分の生活の苦しさやストレスを他者に向けて晴らす術《すべ》しか持たない人もいるだろう。いつもイライラして他者の間違いを許す力と心のゆとりを持ちにくい人も。偏狭なナショナリズムに惹かれてしまう人も。

そういう状況に置かれた人と対話的関係を持つのは非常に難しい。心情的には「あいつらはこうだから！」と断罪し、関係性を拒否し交流を断つこともあるだろう。しかしながら彼は私であり、彼らは私たちそのものでもある。本書の中で何度も述べてきたとおり、「同じ時代と社会」に私たちは生きている。誰もがレイシストになり、それに抗議する人にもなりうる。だからこそ、私たちは憎しみというダークサイドに陥る原因を常に検証し、その正体を追求し続けなければならない。彼の苦しさや悲しみはどこから来ているのか。その背景は何か。それらを知ろうとすることが失われがちな「共感性」を呼び戻すのではないだろうか。そしてたとえ困難であっても、知ろうとするだけでなく、彼らと実際に接点を求めていく構えが必要だと思うのだ。

もうひとつのカウンター

ヘイトデモのカウンターの中心になっている人たちはよく「あいつらを説教しに行く・叱りに行く」という表現を使い、トラメガなどを使って実際にそうしている。一方早くから、ツイッターなどを通して、差別的な書き込みをする人たちと交流を持とうとしてきた。「会って話そうよ」「一杯やって腹を割って話そう」そんな呼びかけで、恐る恐るやってきた人もいた。

山口祐二郎（男組）は次のように語る。「実際に会って話してみれば、そこまで悪いヤツはいないです。寂しかったり、仕事がなかったり。それを外国人のせいにしたり、国を愛するとかそういう思いがおかしな方向にいっちゃった人が多いように思います。どこかでズレちゃったんですよね」「なんでこんな活動やってるの？　とかいろいろ聞いてみると、あー俺と同じだなと思えるところはたくさんあるんです」「なかには、内緒ですけど彼女を紹介してください、なんて相談もあったり。やっぱり寂しいんだなあと思います。そこはみんな一緒です。紹介は実現しませんでしたけどね」と笑った。

そういう言わば陰での付き合いを続けていく中で、「俺、間違っていたと思います。デモは出ないしザイトクからも離れます」と言う人も少数ながらいたという。そして山口は今でも街頭のカウンターでトラメガを用いてヘイトデモの中心になっているB氏に「おい、B！　ヘイトなんか止めてこっちこいよ。一緒に飲んだ仲じゃねえか。また楽しく飲もうぜ！　オマエはそっちにいなくていいんだよ」と声を掛け続ける。（二〇一四年一月一九日蕨のデモにおいて）

人は変わりうる可能性を持つ。裁判の意見陳述（一八頁参照）で「レイシズムがジェノサイドに変わる前に、私たちが立ち上がるべき時と、信じています」と述べた高橋直輝（男組組長）は、過去にレイシストの街宣デモに参加し、ネット上でヘイトスピーチを書き込んだこともあったという。「あなたはなぜ、このような差別反対の活動をするようになったのですか？」という裁判長の問いに、彼はレイシズムを批判する人たちと出会い、激しい論争をする中で、差別をすることの恥ずかしさと愚かさに気づいたのだと述べた。

その高橋もまたツイッターでからんできたネトウヨ数人と会った経験を持つ。直接会った時、こちらがまず丁寧に接すると、彼らも驚くほど丁寧に話してくれた、と語る。「俺たち怖そうに見えるけど、それはレイシスト限定だよ」と冗談まじりに言うと一挙に空気がほぐれてくる。そして根気よくヘイトの定義や韓国の事情などを説明すると「ああ、ネットだけ信じてちゃダメなんですね。でも…」と返ってくるのだと言う。高橋は「変わることは恥ずかしいことじゃないよ。俺だってそうだったんだから。国家や社会に文句があったってさ、それを人にぶつけちゃダメだよ。そっちの方が恥ずかしいことだよ」と説得してきた。「心の中では本当は（レイシストを）辞めたいと思っているヤツも少なくないと思いますよ。でも、俺たちに会ったと分かるとデモに参加させないとかそういう罰みたいなものもあるらしくて、居場所がなくなってしまうのかなあ。だから抜けさせるのはなかなか難しいです。最近は会ってくれないことが多いなあ」と高橋は言う。

しかし、先日高橋と電話で話した時は「いま、大阪で関西カウンターの人たちといます。ここにもネトウヨ呼んで、飲みながら今話しているところです。大阪は東京よりもざっくばらんですよ」と明るい声で教えてくれた。

「ヘイトスピーチを考えるイベント」などには、在特会関係者を招待し、生で語り合おうと企画もしてきた。野間易通は李信恵と共に「在日特権」をテーマにした保守系のインターネット番組にも出演している。また、連日のようにネット上で粘り強くネトウヨと論争を続けるカウンターもいる。

「クソデモ、レイシストをぶっつぶす」と宣言することが多い男組だが、その内実はレイシズムに陥っている人たちへの共感がどこかにあるような気がしてならない。彼らはレイシスト（人）をぶっつぶしているのではなく、レイシストが陥っているレイシズム（背景）をぶっつぶそうとしているのではないだろうか。それは教育実践にもダイレクトに通じる重要な思想である。

二〇一四年三月には新大久保周辺に書き込まれている差別的な落書きを一斉に消すイベントも

都内で行われたヘイトデモに抗議の意思を示すため、友人と共に路上にたたずみ、静かにプラカードを掲げた宮田華江さん（右・立教大学３年）。悲しげな眼差しの向こうにヘイトデモが見える。2014年3月16日　撮影：島崎ろでぃー

行われた。多くの市民が手弁当で集まり、新聞やテレビでも話題として大きく取り上げられた。浦和レッズのサポーターが二〇一四年三月八日に掲げた「JAPANESE ONLY」のフラッグも大きな社会問題となり、世論は少しずつ動きつつある。差別をなくそうとする新しい局面が次々と生まれている。

「路上のカウンターだけじゃ限界があります。会って話して歩み寄らなければ、いつまでたっても解決しないと思っています」という高橋の言葉は、路上での激しいカウンターとは違うもうひとつのカウンター宣言なのかもしれない。

目の前のいじめの解決に向けて力を尽くすこと、勇気を持って「ヘイトスピーチを止めろ」と言い、そのための行動を起こすこと（抗議の方法は人それぞれで良い。声を上げずとも現場でヘイトデモを見るだけでもいいし、「差別反対」などのプラカードを掲げるでもいい。また現場に行かなくても、この問題に興味関心を持ち、考えることでもいいのだと思う）。

同時に、彼らがいじめやレイシズムに走る原因とそれを生んでいる背景に目を向け、そこに働きかけること。それは、彼らに働きかけることを通して、社会に働きかけることであり、この国の主権者として、政治的課題に向き合うことを含んでいる。解決には当然、長い時間がかかる。結果をすぐに求めずに粘り強く働きかけ続けていく以外に道はないのだろう。

共感性と当時者性

人は自分の信念や、それまでの行動内容と矛盾する「新しい事実」を突きつけられると、「不快な感情」を引き起こす。その結果、自分の信念や行動と、「新しい事実」のどちらか一方を否定して矛盾を解消しようとする。自分の失敗や誤りを認めることは、心理的な苦痛を伴うのだ（認知的不協和[注17]）。

高橋がその苦痛を乗りこえ、憎悪のピラミッドの存在に気づいたのは、氏自身の持っている間違いを認める「強さ」もさることながら、まっとうに向き合い、批判してくれる他者がいたからに他ならないだろう。第Ⅰ章の中で、堀内梨子が書いた暗闇の底に架かっている「階段・ステップ」はこれである。

同調する他者だけしか周囲にいない場合、人はみな「裸の王様」になってしまう。特定の個人や集団に向けられる憎悪のベクトルを反転させるために必要なのは、励まし励まされ、時にまっとうに批判し、自分とは違う見方を提示してくれる「他者」である。子どもの過ごす学校――教室はそういう他者がいる場所でなければならない。そうした場所で、人は騙されない知性と、ケアしあい助け合う人間らしい生き方と思想を獲得する。

目の前の子どもたちは、いじめの加害者にもヘイトスピーカーにも、いじめを止める側にも反レイシズムの立場にも、どちらにでも行くベクトルを持っている。その鍵を握っているのが「共感的他者」または困難に共に立ち向かう「共闘的他者(注18)」なのである。

では私たちはどのようにして「共感的・共闘的他者」になることが出来るのだろう。高橋と同じ罪に問われた木本拓史（男組本部長）の陳述書からそのヒントを探ってみよう。氏は裁判の冒頭で暴力行為に至った反省を述べ、最後に次のように語った。

昨年三月初め、離婚した元妻から、新大久保で行われる在特会のデモに、怖いけれど抗議のプラカードを持って立つよ、と言う話を聞きました。

元妻は在日コリアン三世で、若い頃から入居差別や就職差別を何度となく受けてきました。またここ数年は、インターネットのSNSの場で、生まれながらの在日コリアンという属性を日常的に馬鹿にされ、攻撃されていました。

元妻は、普段私の前ではそうした差別に対して気丈に振る舞っていました。けれど、一人でいるときはどれだけ傷つき疲れ、泣いて悲しんでいる事だろうとわたしは思っていました。

そして私は実際に差別デモをこの目で見ました。

元妻との生活を通じて、日本に民族差別がある事は知ってはいましたが、新大久保に現れた差別集団の姿を実際に目にしたとき、私は愕然《がくぜん》としました。

そこで叫ばれる在日コリアンを攻撃する言葉の数々、デモ参加者のうれしそうな興奮した表情、それらに直に触れて、なんでこんなものが認められているんだ、なんでこんな行動が許されているんだと、憤りを感じました。

日本では差別はなくならないと思って生きてきたけれど、こんな事になってしまったのか、そう思いました。

あんな下劣で人としてレベルの低い行動など、放っておけばいい。そう言う声を私も耳にします。まともな人間ならあんなものは相手にしないものなのだと言う声です。

しかし私が実際に目にした光景は、決して放っておけばいいものではありませんでした。

「朝鮮人を絞め殺せ」「寄生虫、ゴキブリ朝鮮人を即刻駆除しろ」といった言葉、人を人として扱わない言葉。そしてそんな行動を正当化するための、在日コリアンにまつわる数々のデマや、国家間の問題をたてに「韓国・朝鮮人は敵だから攻撃して当然なのだ」とする主張。それらが渾然一体となって新大久保の街を襲い、そこで商売をして暮らす人々に出て行けと迫り、手を繋いで歩く母親と小さな子供に、「おい、そこを歩いているお前たちは何人だ。日本人か」と怒鳴りつけていました。

一人一人の人間である前に何人であるかによって攻撃される。民族や国籍を理由に罵倒され、顔を伏せて困惑する、傷ついて涙を流す人々が実際にいます。それは放っておいていい事では、決してありません。

自分が日本人で、差別デモ参加者たちより体格に恵まれているなどしたら、その人自身は差別デモを怖いと思わないかもしれません。

けれど、自分が恐怖にさらされていなければ、それでいいのでしょうか。自分の家族や友人が傷つけられていなければ、それでいいのでしょうか。もしも、私の元妻が在日コリアンでなかったら、私はどうしただろうか。いま実際に傷つき恐怖にさらされているのは、自分にとって大切な家族・友人と同じ、誰かにとって大切な家族・友人です。そうした人たちが差別の攻撃によって、人としての尊厳を剝《は》ぎ取られ、傷つけられて辱められています。

直接の差別の言葉が自分に向いていないから、自分がやられている事ではないから、だから自分は大丈夫だ、そんなふうには私は絶対に思えません。

現在、差別主義者のデモや行動を公権力は抑える事ができません。現状では、差別され傷つく人たちを守るための法律が日本には無いからです。しかし、だからといって、それを許しておけるとは思えないのです。

差別デモを目にしてから、私は自分にも何かできる事は無いだろうか、なんとかこの差別デモをやめさせる事はできないだろうかと悩みながら、デモへの抗議や差別デモ参加者を叱りつけるために新大久保、川崎、都内各所へ駆けつけるようになりました。自分にできる事はしなければいけないと考えたからです。

特に昨年から、差別デモに対して様々な方法で抗議を行う、「カウンター行動」が日本各地で起きています。しかし、それでも引き続き在特会を中心とした差別集団は差別行動を行い、世の中に差別心の種を植えつけてそれが育つように煽り続けています。

もし、その差別集団の姿を直接見た事が無いのであれば、現場に足を運んでみてほしいと思います。一人でも多くの人に、日本で起きているマイノリティへの攻撃について、関心を持ってもらいたいのです。

　私は差別集団に対して、抗議の行動をこれからも続けていきます。

冒頭に述べた通り、私が今回行った暴力についての反省を生かして、今後は徹底して非暴力行動をとっていきます。自分がやるべき事は、まだまだ山ほどあるはずです。

裁判官殿

　差別行動はなんとか抑えなければいけません。

『東京地裁　第四二六号法廷　男組本部長　木本拓史　陳述書』（原文のママ・傍点筆者）

　この陳述には多くのヒントがあるが、その一つは「いま実際に傷つき恐怖にさらされているのは、自分にとって大切な家族・友人と同じ、誰かにとって大切な家族・友人です。そうした人たちが差別の攻撃によって、人としての尊厳を剝ぎ取られ、傷つけられて辱められています」という共感性である。
もうひとつは「直接の差別の言葉が自分に向いていないから、自分がやられている事ではないから、だから自分は大丈夫だ、そんなふうには私は絶対に思えません」という当事者性である。こうしてみると、共感性から生まれた当事者性を持つということは、人が相互にケアし助け合って生きるという人間らしい生き方を獲得することなのではないだろうか。

教室では、いじめの被害者になっている子どもをかばって、自分が新たな標的になってしまうケースがある。それを怖れて、いじめに立ち向かうことが出来ない子どもはたくさんいる。しかし、共感性と当事者性は子どもの心の中に必ず存在し、それをしっかりと育てることは十分可能なのだ。

反レイシズムの活動の中で知り合った金正則さん（在日三世）と話したことがある。金さんは九州出身。小さい時から自分が在日コリアンであることを隠して生活していた。小学校卒業間近のある日、近所に住んでいた少女の一家が北朝鮮への帰国を決めて、お別れの言葉をクラスで話した。

「ずっと黙っていましたが、私は在日朝鮮人です。みなさんと別れるのは残念ですが、卒業を機に母国に帰ろうと思います」

金さんはそれを下を向いてじっと聞くだけ。手には汗をいっぱいかいていた。汗の理由は、「自分も在日であることがみんなに分かってしまう。頼むから自分のことは言わないでくれ！」という気持ちからだったと言う。

「そんな自分に比べて彼女はなんと勇気があることか」恥ずかしさと怖れがいりまじり、汗をかいた手をじっと見ているだけだった。その後、彼女を見習い自分が在日であることを告白しようと心に決める。それから三年後、高校に入った時である。「俺は在日朝鮮人なんだ。だから林という名前を本名の金に変える」と一番の親友に思い切って話をする。その瞬間に彼はぎょっとした表情をし「やめてくれ」と言った。先生にも刃向かう気骨あるタイプだったその友の言葉はあまりにも意外だった。在日であることはそれほど特別なことなのだ。そう思った金さんは高校での改名は諦める。「本当に差別されるのが怖かったんです。臆病者でした」と述懐する。

やがて彼は高校を卒業して地元を離れることになる。都内の大学を受験する時にはすべて本名で出願することにした。金さんが初めて在日コリアンであることを堂々と周囲に話せたのは東京の大学に進学してからだ。その大学は国際色豊かで、キャンパスには世界各国から学生が来ていた。

「たくさんの外国人が普通に歩くキャンパスで、ハードルが下がったんですね」と金さんは言った。

「でもね、渡辺さん。あの時ぼくは子どもでしたが、在日であることを隠し、当時者であることを避けたのですよ。卑怯ですよね。だから大人になった今、少しでも差別を無くそうと出来ることをやっているんです。いつ（在特会などのレイシストに）攻撃されるか今でも怖くて仕方がないですけどね」と語った。

そんな金さんに「なぜ通名（日本名）で通さないんですか？　差別されることがあるのに」と改めて聞いたことがある。「就職や結婚、いつか自分が愛する人と出会った時。いつかは在日である

凍える寒風の中、東京都に「ヘイトスピーチ」に対して早急な措置を訴える市民たち。金正則さんもここに度々参加している。「差別反対都庁前アピール」2014 年 2 月 3 日　Rody's Bullets（注 19）　撮影 : 島崎ろでぃー

ことを言わなければいけない時は必ず来ます。それを言った時に、相手がもし一瞬でもギョッとした顔をしたらどうでしょうか。高校生だったあの時のように。それは想像するだけでとても悲しくて怖いことです。そんな思いを抱えて生きていくよりは、差別やいじめられることがあっても、本名で生活したほうがいいと私は思うのです」

そう微笑みながら話してくれた金さん。日本社会と人々の心の中に根強く残る差別を改めて知ると同時に、そもそも問い自体の無遠慮さと（共感性を持っているつもりでいた）自分の想像力のなさに恥じ入るばかりだった。

毎週、月曜日に東京都庁前で行われている「ヘイトスピーチの根絶を訴える市民による街宣活動」は高橋氏や木本氏たちの呼びかけで始まったものである。雨の日も風の日も、寒風吹

きすさぶ中でも、欠かすことなく、少なくない人たちが都庁の前に立ち「差別の根絶」を訴えている。裁判の翌日、その都庁前街宣で木本氏と偶然にも話をする機会があった。氏はポツリと私につぶやいた。

「たいしたことをやっているつもりはありません。目の前で、弱いものいじめしている人がいたら、それやめろ！　と言わなきゃいけない。それだけです」

平和とは、たんに「戦争のない状態」をいうのではありません。それはあなたの、不断の、そして永遠のたたかいによって生み出すものなのです。

（カレン・オルセン・フィゲレス／平和憲法の下、軍隊を捨てた国コスタリカ・元大統領夫人）

希望としての教育

私たちはまだ遅くない。いや正確には、誰もが差別されずにまっとうに生きていける社会の建設は始まったばかりなのだ。平和と民主主義を基調とした「自由と平等を求める人権思想」はまだ生まれたばかりの赤ん坊である。

ロックやルソーによる人権思想が生まれたのは一七世紀後半。それが「人は生まれながらにして自由で平等である」としたフランス人権宣言に結実するのは一八世紀後半。人類の長い歴史から見れば、それはごく最近のことである。「全ての人間は平等に造られている」と高らかに宣言されたアメリカ独立宣言は一七七六年に出されたものだが、すべての人間のすべてに、アフリカ系アメリカ人は含まれていなかった。キング牧師の「I have a dream」がスピーチされたのは、すでに書いたとおり一九六三年のことである。

日本とて、女性に選挙権が付与されたのはたった六〇数年前の一九四八年である。子どもの権利条約が国連総会で採択されたのは一九八九年だが、日本で批准されたのは一九九四年。人種差別撤廃条約に加入したのは一九九五年。さらに人類最後の人権と称されることもある「セクシュアル・ライツ（性の権利宣言）[注20]」は一九九九年に出されたものだ。しかも、それらが社会にしっかりと周知され日常化する状態は、まだほど遠い。

この世に人が生み出した、「赤ん坊」をしっかりと育てていくのが私たち「大人」の役割であり、責務であり、生きる証だ。その役割を果たすための強力なパートナーが、私たちの周りにいる「子ども」たちであり、「若者」だ。彼らは私たちを叱咤激励する。その形は「しっかりしろよ！　俺たちも頑張るから」というものもあれば、「荒れ、引きこもり、いじめ」という表現で社会の矛盾や問題を告発するものなど様々である。

しかしどのような表現（アクティングアウト）であっても、私たちはその子どもの声なき声に耳を傾け、この困難な時代を共に歩むパートナーとして励ましあって進まなければならない。あの酷いヘイトスピーチをした鶴橋の少女がそうであるように、人は狂おしいほどの自己承認の欲求を持つ。逆立ちしてしまったそれを元に戻し、彼女たちの本当の自立要求に応えていくことが私たちの仕事である。

教育の仕事は簡単に言えば「すべての子どもに居場所と出番をつくること」（坂本光男[注21]）である。ヘイトデモでも、いじめの現場でもない居場所、そして人として認められ、まっとうに活躍できる出番をつくり出すことが「希望としての教育[注22]」である。本書ではそのための考え方と方法をいくつか述べたつもりである。

語り継がれてきたギリシア神話「パンドラの箱」の物語。

全能の神・ゼウスがすべての「悪・災厄・絶望・不幸・災い」を封じこめて、人間界に行くパンドラに持たせた。パンドラが好奇心から、その箱を開けたと同時にダークで邪悪なそれらが世界中に溢れ出してしまう。しかし、箱の中にたったひとつだけ残ったものがあった。そっと覗くとそこに残っていたものは「希望」であったという。

希望は人の世が続く限り必ずある。[注23]今、また歩きだそう。私たちを包む底知れぬ暗闇から脱出し、いじめ・レイシズムを乗り越えるために。私たちの目の前にいるたくさんの子どもたちと共に。希望のベクトルに向かって。

希望は街頭のデモのなかだけにあるのではない。われわれ一人ひとりの身体の中に、それはあるのだ。（パウロ・フレイレ）（注24）

（注1）給食やホームルームなどで在籍する通常学級のこと。特別支援学級の生徒は受ける授業によっては、この交流学級へ移動する。「親学級」とも呼ばれる。
（注2）〈ところで、『ハンディキャンプ』の語源はというと、英語で現在は『Handicap』とリエゾンしていますが、もともとは『Hand in cap』（帽子のなかに手を入れる）でした。これは、イギリスで一六〇〇年頃発祥したとされる「ゴルフ・ゲーム」で始まった言葉のようです。プレーをあがるとみんなでスコッチウイスキー片手に今日のプレーの話やビジネス、社交会の話題で花が咲きます。その時の「（飲食）支払料金」はあくまで「割り勘」です。そのときだれか代表者が自分のキャップ（帽子）を差し出し、均等割分の勘定金を、みんなに間違いがないことが見えるようにそれぞれ「ハンドイン（手入れ）」してもらいます。勝者・敗者ともに「差別」なく「均等割負担」であることを「ハンド・イン・キャップ」、リエゾン（連音）して「ハンディキャップ」となりました。要するに、正々堂々と戦い、試合が終われば結果において勝者も敗者も「差別」をしないということが「ハンディキャップ」方式なのです。〉（原賀隆一『るいネット』）http://www.rui.jp/ruinet.html?i=200&c=400&m=216925（二〇一四年二月一五日確認）
（注3）http://antiracism.jp/march_for_freedom（二〇一四年二月一五日確認）
（注4）レズビアン（女性に惹かれる女性）、ゲイ（男性に惹かれる男性）、バイ・セクシャル（両性愛者）、トランスジェンダー（性同一性障害）の頭文字を取った総称であり、セクシャル・マイノリティ（性的少数者）を指す。米国の性的少数者の権利獲得運動の中から生まれた言葉で、ゲイとレズビアンから始まり、二〇〇〇年ごろにトランスジェンダーも含めた「LGBT」に統合された。日本では同性愛者の割合は3〜5％とされる。（参考・朝日新聞朝刊二〇一四年二月二日）
（注5）http://antiracism.jp/march_for_freedom（二〇一四年二月一五日確認）
（注6）アメリカ公民権運動のテーマソングとして伝わる。ルーツについてはいくつかの説があるが、アフリカからヨーロッパを回って奴隷としてアメリカへ連れてこられた人たちの、船上での労働歌のようなものだったという説が有力。

一九四〇年代になって口伝えに広がり、アフリカ系アメリカ人の労働条件改善のストライキや人権差別撤廃運動などで歌われた。

（注7）ドラッグクイーン：女装した男性。特に、派手な衣装や化粧などのショー的な要素を含む扮装をしたホモセクシュアルの男性。（kotobank デジタル大辞泉）

（注8）「あらゆる形態の人種差別の撤廃に関する国際条約」の通称。人種・皮膚の色・血統・民族・部族などの違いによる差別をなくすために、必要な政策・措置を遅滞なく行うことを義務付ける国際条約。一九六五年の第二〇回国連総会で採択され、一九六九年に発効。日本は一九九五年に批准した。批准国一七五か国（二〇一四年一月現在）。その四条で人種差別の扇動を法律で禁じるよう求めている。しかし日本政府はこの条文には留保を付けて実施していない。その理由は「正当な言論を萎縮させる危険を冒してまで、処罰立法を検討しなければならないほど、現在の日本で人種差別の扇動が行われているとはいえない」というものである。このように多くの先進国には刑事罰規定のついた人種差別禁止法があるにもかかわらず、日本政府は必要がないとして制定を見送っている。（宮武嶺氏・弁護士・龍谷大学客員教授）

（注9）ＤＮＡが生物を形成する遺伝子情報であるように、meme（ミーム）は文化を形成する情報である。ＤＮＡは子孫へコピーされる生物学的情報であるが、ミームは人から人へコピーされる文化的情報である。遺伝子は「進化」するが、ミームにも「進化」という現象が生じており、それによって社会を形成する文化が継承発展されるとされる。

（注10）総務省が三一日発表した二〇一三年平均の労働力調査（基本集計）によると、雇用者全体に占めるパートやアルバイトなどの非正規労働者の割合は前年比1・4ポイント増の36・6％となり、過去最高だった。（共同通信二〇一四年一月三一日）完全失業率が改善傾向にある一方、不安定な非正規雇用の広がりに歯止めがかかっていないことが示された。13年の非正規労働者数は九三万人増の一九〇六万人。内訳はパートが九二八万人、アルバイトが三九二万人、契約社員が二七三万人などだった。非正規割合を男女別でみると、男性が1・4ポイント上昇の21・1％で、女性が1・3ポイント上昇の55・8％となった。（共同）

（注11）この法案が民意を無視して強行採決されたことは、民主主義政治が機能不全に陥っていることを意味している。

（注12）インターネット上や口コミで呼びかけた不特定多数または任意の人々が申し合わせて雑踏の中の歩行者として通りすがりを装って公共の場に集まり、突如パフォーマンス（ダンスや演奏）を行って周囲の関心を引き、その目的を達成するとすぐに解散する行為。近年は社会的主張をアピールする手段として使われている。

（注13）Google などの検索エンジンを使用して調べること。

（注14）マンデラ氏は大統領就任スピーチで、人種融和の象徴として「レインボーネーション」という言葉を使った。それを社会科の授業で扱ったのだが、望田はそのフレーズを覚えていた。

（注15）静岡県沼津市の定時制高校二年の女子生徒（16）がツイッターでデモを知ったのは今年四月のことだ。中学時代、韓流ドラマにのめり込んだのがきっかけで、お気に入りの韓国人女性歌手が来日した時の「追っかけ」をしている。週四日、時給七六〇円のコンビニのアルバイトも「そのための資金稼ぎ」と笑う。ハングルは独学でマスターし、インターネットで知り合った友人も韓国にいる。〈大好きな人が傷つけられるのは許せないし、守らないといけない〉ツイッターにそう書き込んだ約二カ月後の六月三〇日。家族の反対を押し切り、各駅停車の東海道線で一人、東京・新大久保に向かった。「朝鮮半島へ帰れ」「やつらを通すな」。気が付くと、怒号が飛び交う中、カウンター側の最前列でデモ隊と対峙していた。（略）「相手にするな、放っておけと言う人もいる。でも私は許せない」。最近、在日コリアンへの差別の問題についても考えるようになったという。【毎日新聞】「在特会らの在日韓国人への嫌韓デモおかしい」ハングル駆使し抗議するK―POPファンの女子高生（匿名）［二〇一三年八月二六日］

（注16）規則が多い管理的な中学校ではリュウジの居場所はなかったのだろう。制服もなく頭髪や服装も自由で多様さを認めるS学園。そこで初めて彼は自分が生きていける場所を見つけた。このことは、考えるべき多くの示唆を含んでいる。

（注17）自分の間違いは認めたくないとする心理状態。または自身の中で矛盾する認知を同時に抱えた状態。そのときに覚える不快感を表す社会心理学用語。アメリカの心理学者レオン・フェスティンガーによって提唱された。

（注18）京生研の実践家たちがよく使用する。子どもの苦悩を丁寧に分析し、指導方針を立て、徹底して寄り添いながら、その社会的自立を援助していく他者。（参考『Kの世界を生きる』前掲書）

（注19）http://shimazakirody.com/journal（二〇一四年二月一五日確認）

（注20）性の権利宣言（セクシュアル・ライツ宣言、Declaration of Sexual Rights）。一九九九年八月二六日に香港で開催された第一四回世界性科学学会総会において採択された、性に関する基本的かつ普遍的な権利からなる一一の宣言。リプロデクションヘルツ、性的自由への権利、性の自己決定権、性指向の多様性などが掲げられている。

（注21）（一九二九―二〇一〇年）日本を代表する民主教育の研究者。埼玉県秩父市生まれ。日本生活指導研究所所長・全国生活指導研究協議会所属。「親子映画」運動を進める傍ら、全国各地で子育て、教育に関する講演活動を行い民主教育の普及に邁進した。著書も多数。

（注22）平和教育としての内実を持つ。

（注23）Hope is a good thing, maybe the best of things, and no good thing ever dies. 希望はいいものだよ。たぶん最高のものだ。そして、いいものは決して滅びない。（映画『ショーシャンクの空に』一九九四年、米国）

（注24）パウロ・フレイレ著　里美実訳『希望の教育学』（太郎次郎社）

エピローグ

「所得の多い家庭の子どものほうが、よりよい教育を受けられる傾向」があることについてどう思うかを聞いたところ、「やむをえない」と回答した比率は、二〇〇八年調査では四〇・〇%だったが、二〇一二年調査では五二・八%と一二・八ポイントも増加した。「当然だ」(六・三%)を含めると約六割の保護者が所得による教育格差を容認しており、多数派となった。「やむをえない」と回答する人は、生活の経済的ゆとりや保護者の学歴の違いにかかわらず増加している。経済的な格差が広がり、学校も学校外教育も多様化するなかで、教育格差を「問題」と感じる意識が薄れているようにみえる。(『朝日新聞社とベネッセ教育研究開発センターの共同調査』ベネッセ教育研究開発センター研究員・橋本尚美)

残念ながら、国民意識が静かにそして大きく転換していく様子が伺える。自己責任論を基調にした新自由主義は格差社会を拡大し、弱肉強食の世界を日常化した。そういった思想は私たちの心の奥底に深く入り込み、底の見えない「暗闇」を形成している。いじめやレイシズムの根幹にあるのはこれだ。しかし一方、別の問いでは異なる姿がみえてくる。

国は「A：子ども・若者の教育・福祉の予算」と「B：高齢者の医療・福祉の予算」のどちらを充実させるべきかという問いに対して、七二・九％（「どちらかといえば」を含む、以下同様）がAを選択している。また、奨学金についても、「A：経済的に恵まれない生徒や学生を支援」か「B：学力の高い生徒や学生を支援」のどちらを支持するかという問いに対して、八一・六％がAの充実をあげている。多くの保護者が、できるだけ幅広い子どもに教育・福祉の予算を振り分けることを望んでいることが分かる。（橋本尚美　前掲）

私たちの世界を覆う「暗闇」。しかし、それは世界の全てではない。この闇に光をあてようとする人たちはたくさんいる。いや、暗闇に飲み込まれてしまったように見える人たちの心の中にもそれはあるはずだ。目をこらせばそこから抜ける「階段」は必ず見つかる。

本書で繰り返し述べてきたように、いじめ問題やレイシズムに向き合うことは、目の前で苦しむ人たちを救うために手をさしのべることだけを意味するものではない。人は誰もが個人として尊重され、平和に暮らす権利を持っている。それを剥奪されている人たちがいる状態は、日本国憲法の保障する「平和」と「民主主義」の社会であるはずがない。

よって、いじめやレイシズムに向きあうことは、私たちの社会に起きる紛争と対立を「戦争」と「ファシズム」へ導くのか、「平和」と「民主主義」を基調とした共に生きる社会へと導くのか。そのベクトル（方向性）への問いなのである。

その問いの答えは、私たち自身が学び続けることの中にある。国家から押しつけられた「道徳」ではなく、地球市民として人々と連帯しあう「市民的道徳」を社会の常識とすることがその一つの答えだ。しかしそれは明日に達成できるものではない。限りある短い私たちの一生で、その夢を現実のものにすることは出来ないかもしれない。それでも私たちは前を向いて進もう。

あなたのおこなう行動が、ほとんど無意味だとしても、それでもあなたは、それをやらなければなりません。それは世界を変えるためにではなく、あなたが世界によって変えられないようにするためにです。（マハトマ・ガンジー）

過去を絶えず検証しながら、今起きていることに目を凝らし学び続けよう。核兵器廃絶と科学技術の平和利用を訴えた「ラッセル＝アインシュタイン宣言」(注)を残したアインシュタインが言うように。

Learn from yesterday, live for today, hope for tomorrow.

昨日から学び、今日を生き、明日へ期待しよう

（注）ラッセル＝アインシュタイン宣言（Russell-Einstein Manifesto）イギリスの哲学者・バートランド・ラッセル卿と、アメリカの物理学者・アルベルト・アインシュタイン博士が中心となり、一九五五年に当時の第一級の科学者ら一一人によって、米ソの水爆実験競争という世界情勢に対して提示された核兵器廃絶・科学技術の平和利用を訴えた宣言文。

あとがき

今、改めて、自身の教師歴を振り返ってみれば、恥ずかしいことだらけである。浅く配慮なき言動によって多くの子どもを傷つけ、同僚と不毛な対立をしたこともある。自分なりの「努力」はしたけれど、「素晴らしい」教師になることは出来なかった。むしろやればやるほど力のなさや不完全な自分に気づくばかりだった。

そんな自分でも、このような問題提起をしてみようという決意をさせてくれたのは、熱心に授業に取り組んでくれた多くの学生諸君と、ヘイトデモへの抗議活動（カウンター）に取り組んでいる方々との出会いである。この方たちと会い、具体的な抗議活動の現場でいただいた情報や関連書籍、SNSの投稿なしに本書を書き上げることは出来なかった。

その中には、「右翼」というラベリングの抵抗感から、今までならばコミュニケーションをとることすらしなかった方々も含まれている。しかしながら、反レイシズムの活動を知り、それに関わるようになるにつれ、自分自身の中に「先入観と思い込み」という政治的バイアスが強くあることに気づいた。「右翼」「保守」といっても内実は色々ある。「リベラル」や「左翼」もそうであるように。

先入観で、一括りにして、「○○だから、○○だ」という思考は、自分自身を袋小路に追い込み、「世界」と自分を遮断するものだ。私は本書の中で、ネトウヨと称される人たちのステレオタイプや思考停止とも思える決めつけを繰り返し批判してきた。しかしよくよく考えると自分自身もそうではなかったか。

暗闇をテーマにしながら、自分もいつのまにか暗闇の世界に住んでいたのだろう。そうだ、暗闇にいる多くの人は、自分がいるその場所を暗闇であることに気づいていないのだ。

仮に歴史認識や政治社会に対する思想や方法論が異なっていても、それを「右だ、左だ」と矮小化し、敵対関係に押し込めることは正しくない。共同すべきことは共同し、批判しあうことは批判しあう。社会の進歩はそのようになされるべきだということを教えてくれたのはその方たちである。そして、「（教師は）素晴らしくなくても、不完全でもいいんだよ！」「そばにいて話を聞いてくれるだけでいいんだよ、せんせ」といろいろな場面で、私を励ましてくれた無数の教え子たち。本書を刊行するにあたって、これらの方々へ深い敬意と感謝を申し上げる。

二〇一四年三月　渡辺　雅之

渡辺　雅之（わたなべ・まさゆき）

福島県生まれ。埼玉県内で中学校教員として22年間勤務。TBSドラマ「3年B組金八先生」で、いじめ問題に取り組んだ実践がそのままモデルとして取り上げられる。現在は大学で教職を目指す学生の指導にあたっている。

国会前デモのリーガル（警備）やヘイトスピーチへの抗議（カウンター）、UDAC2.0埼玉（投票率を上げる市民の会代表）、埼玉朝鮮学校補助金再開を求める有志の会（共同代表）などの社会運動に関わる。近年は人権問題に関する講演活動で全国各地を飛び回っている。

現在、大東文化大学教職課程センター特任教授。専門は生活指導、道徳教育、多文化共生教育。

『「道徳教育」のベクトルを変える―その理論と指導法』、『どうなってるんだろう？　子どもの法律』、『マイクロアグレッションを吹っ飛ばせ―やさしく学ぶ人権の話』（以上、高文研）、『ヒューマンライツ―人権をめぐる旅へ』（ころから）など著書多数。

いじめ・レイシズムを乗り越える「道徳」教育

●二〇一四年　四　月二五日――――第一刷発行
●二〇二三年　六　月　一　日――――第五刷発行

著　者／渡辺　雅之

発行所／株式会社　高文研
東京都千代田区神田猿楽町二―一―八
三恵ビル（〒一〇一―〇〇六四）
電話03＝3295＝3415
https://www.koubunken.co.jp

印刷・製本／精文堂印刷株式会社

◆万一、乱丁・落丁があったときは、送料当方負担でお取りかえいたします。

ISBN978-4-87498-541-0　C0037